- Kesepuluh Tulah -

Hidup yang
Taat
dan
Hidup yang
Tidak Taat

Dr. Jaerock Lee

" 'Sebab Aku ini mengetahui rancangan-rancangan apa
yang ada pada-Ku mengenai kamu,'
demikianlah firman TUHAN,
yaitu rancangan damai sejahtera
dan bukan rancangan kecelakaan
untuk memberikan kepadamu hari depan
yang penuh harapan."
(Jeremija 29:11)

Hidup yang Taat dan Hidup yang Tidak Taat oleh Dr. Jaerock Lee
Diterbitkan oleh Urim Books (Perwakilan: Sungnam Vin)
73, Yeouidaebang-ro 22-gil, Dongjak-Gu, Seoul, Korea
www.urimbooks.com

Buku ini atau bagian dari isinya tidak boleh diproduksi ulang dalam bentuk apapun, disimpan dalam sistem penarikan, atau disebarkan dalam bentuk apapun atau secara elektronik, mekanik, fotokopi, rekaman atau lainnya, tanpa meminta ijin sebelumnya dari penerbit.

Hak Cipta © 2020 oleh Dr. Jaerock Lee
ISBN: 979-11-263-0538-4 03230
Hak Cipta Terjemahan © 2009 oleh Dr. Esther K. Chung. Digunakan dengan izin.

Sebelumnya diterbitkan dalam Bahasa Korea oleh Urim Books pada tahun 2007

Pertama diterbitkan bulan Februari 2020

Diedit oleh Dr. Geumsun Vin
Dirancang oleh Biro Editorial Urim Books
Dicetak oleh Prione Printing
Untuk informasi lebih lanjut hubungi urimbook@hotmail.com

Prolog

Perang Sipil di Amerika Serikat mencapai puncaknya ketika presiden keenam belas, Abraham Lincoln memproklamirkan doa puasa pada 30 April 1863.

"Bencana menakutkan yang terjadi sekarang mungkin merupakan hukuman dari dosa-dosa nenek moyang kita. Kita terlalu sombong atasa keberhasilan dan kekayaan kita. Kita begitu angkuh sehingga kita lupa untuk berdoa kepada Allah yang telah menciptakan kita. Kita harus mengakui dosa-dosa bangsa kita dan meminta pengampunan dan kasih karunia Allah dengan sikap rendah hati. Ini adalah kewajiban warga negara Amerika Serikat."

Seperti yang disarankan oleh pemimpin besar tersebut, banyak dari bangsa Amerika tidak makan selama sehari dan mempersembahkan doa puasa.

Lincoln dengan rendah hati berdoa kepada Allah dan menyelamatkan Amerika Serikat dari keruntuhan. Bahkan, kita dapat menemukan semua jawaban terhadap semua masalah di dalam Allah.

Injil telah dikabarkan oleh banyak penginjil selama berabad-abadd, tetapi banyak orang tidak mendengarkan firman Allah, dan berkata bahwa mereka lebih percaya kepada diri mereka sendiri.

Sekarang, ada perubahan suhu yang tidak biasa serta berbagai bencana alam yang terjadi di seluruh dunia. Walaupun kemajuan dalam pengobatan sudah sangat pesat, ada penyakit-penyakit baru yang tidak dapat dirawat dan menjadi semakin mematikan.

Orang-orang mungkin memiliki kepercayaan terhadap dirinya sendiri. Mereka mungkin menjauhkan diri dari Allah, tetapi saat kita melihat ke dalam hidup mereka, kita tidak dapat membicarakannya tanpa menyebutkan kata-kata seperti kecemasan, sakit, kemiskinan, dan penyakit.

Dalam satu hari, seseorang dapat kehilangan kesehatannya. Ada orang kehilangan anggota keluarganya atau bahkan seluruh harta mereka karena kecelakaan. Yang lainnya mungkin menghadapi banyak kesulitan dalam usaha dan tempat kerjanya.

Mereka mungkin berseru, "Kenapa hal-hal ini harus terjadi

kepadaku?" Namun, mereka tidak tahu jalan keluarnya. Banyak orang percaya menderita dari ujian dan pencobaan dan tidak tahu jalan keluarnya.

Tetapi, segala sesuatu memiliki penyebab. Segala masalah dan kesulitan memiliki penyebab.

Sepuluh tulah yang menimpa Mesir, dan peraturan-peraturan dari Passover yang dituliskan dalam Kitab Keluaran, memberi petunjuk solusi untuk segala macam masalah yang dihadapi oleh umat manusia di muka bumi ini sekarang.

Mesir secara rohani merujuk kepada dunia, dan pelajaran tentang sepuluh tulah di Mesir, diterapkan kepada semua orang di seluruh bumi sampai hari ini. Tetapi tidak banyak orang yang menyadari kehendak Allah yang terkandung dalam Sepuluh Tulah.

Krena Alkitab tidak menyebutkannya sebagai Sepuluh Tulah, maka ada orang yang mengatakan, itu adalah Sebelas bahkan Dua belas Tulah.

Pendapat yang pertama memasukkan peristiwa saat tongkat Harun berubah menjadi ular. Tetapi sebenarnya tidak ada kerusakan yang diakibatkan oleh melihat ular, sehingga itu, secara logika, sulit untuk dimasukkan sebagai salah satu tulah.

Tapi karena ular di alam liar memiliki racun sangat kuat yang dapat membunuh manusia dengan satu gigitan, orang dapat merasa sangat terancam hanya dengan melihat ular saja. Itulah sebabnya ada orang yang menganggapnya sebagai salah satu dari tulah.

Pendapat yang kedua menyebutkan peristiwa saat tongkat itu berubah menjadi ular dan juga kematian para prajurit di Laut Merah. Karena orang-orang Israel belum melewati Laut Merah saat itu, mereka memasukkan peristiwa ini, dan mengatakan bahwa ada dua belas tulah. Tetapi hal yang pentinga adalah bukan jumlah dari tulah, melainkan makna rohani dan pemeliharaan Allah yang terkandung di dalamnya.

Dalam buku ini digambarkan secara kontras, kehidupan Firaun yang menentang firman ALlah, dan hidup Musa yang menjalani hidup dalam ketaatan. Buku ini juga mengadung kasih Allah yang dengan belas kasihan yang tanpa batas membuat kita tahu jalan keselamatan melalui perayaan Passover, hukum sunat, dan arti dari perjamuan Roti Tidak Beragi.

Firaun menyaksikan kuasa Allah, namun tetap tidak menaati-Nya, dan ia jatuh dalam keadaan yang tidak dapat dipulihkan. Tetapi orang Israel, aman dari segala bencana karena mereka taat.

Alasannya mengapa Allah memberi tahu kita tentang Kesepuluh Tulah adalah untuk membuat kita sadar mengapa ujian dan pencobaan datang atas kita, sehingga kita dapat menyelesaikan semua permasalahan dalam hidup dan menjalahi hidup yang bebasa dari bencana. Terlebih lagi, dengan memberi tahu kita tentang berkat yang akan datang atas kita saat kita taat, Ia ingin agar kita memiliki kerajaan surga sebagai anak-anak-Nya.

Orang-orang yang telah membaca buku ini akan dapat menemukan kunci untuk menyelesaikan masalah-masalah dalam kehidupan. Mereka akan merasakan kepuasaan dalam roh seperti mereka merasakan hujan yang manis setelah kekeringan yang panjang, dan dibimbing ke jalan jawaban dan berkat.

Saya berterima-kasih kepada Geumsun Vin, direktur biro editorial dan semua pekerja yang telah memungkinkan diterbitkannya buku ini. Saya berdoa dalam nama Tuhan Yesus Kristus bahwa semua pembaca akan menjalani kehidupan yang taat supaya mereka akan menerima kasih dan berkat Allah yang luar biasa.

Juli 2007

Jaerock Lee

Daftar Isi

Prolog

Tentang Hidup yang Tidak Taat · 1

Bab 1
Sepuluh Tulah yang Menimpa Mesir · 3

Bab 2
Hidup yang Tidak Taat dan Tulah · 21

Bab 3
Tulah Air Menjadi Darah, Katak, dan Nyamuk · 35

Bab 4
Tulah Lalat Pikat, Penyakit Sampar, dan Barah · 55

Bab 5
Tulah Hujan Es dan Belalang · 73

Bab 6
Tulah Gelap Gulita dan Kematian Anak Sulung · 89

Tentang Hidup yang Taat · 103

Bab 7
Passover dan Jalan Keselamatan · 105

Bab 8
Sunat dan Perjamuan Kudus · 123

Bab 9
Keluaran dan Perayaan Roti Tidak Beragi · 141

Bab 10
Hidup Yang Taat dan Berkat · 155

Tentang Hidup yang *Tidak Taat*

Tetapi jika engkau tidak mendengarkan suara TUHAN, Allahmu,
dan tidak melakukan dengan setia segala perintah
dan ketetapan-Nya, yang kusampaikan kepadamu pada hari ini,
maka segala kutuk ini akan datang kepadamu
dan mencapai engkau:
Terkutuklah engkau di kota,
Dan terkutuklah engkau di kota,
Terkutuklah bakulmu dan tempat adonanmu.
Terkutuklah buah kandunganmu,
hasil bumimu,
anak lembu sapimu dan kandungan kambing dombamu.
Terkutuklah engkau pada waktu masuk,
dan terkutuklah engkau pada waktu keluar
(Ulangan 28:15-19).

Bab 1

Sepuluh Tulah yang Menimpa Mesir

Keluaran 7:1-7

Berfirmanlah TUHAN kepada Musa: "Lihat, Aku mengangkat engkau sebagai Allah bagi Firaun, dan Harun, abangmu, akan menjadi nabimu. Engkau harus mengatakan segala yang Kuperintahkan kepadamu, dan Harun, abangmu, harus berbicara kepada Firaun, supaya dibiarkannya orang Israel itu pergi dari negerinya. Tetapi Aku akan mengeraskan hati Firaun, dan Aku akan memperbanyak tanda-tanda dan mujizat-mujizat yang Kubuat di tanah Mesir. Bilamana Firaun tidak mendengarkan kamu, maka Aku akan mendatangkan tangan-Ku kepada Mesir dan mengeluarkan pasukan-Ku, umat-Ku, orang Israel, dari tanah Mesir dengan hukuman-hukuman yang berat. Dan orang Mesir itu akan mengetahui, bahwa Akulah TUHAN, apabila Aku mengacungkan tangan-Ku terhadap Mesir dan membawa orang Israel keluar dari tengah-tengah mereka." Demikianlah diperbuat Musa dan Harun; seperti yang diperintahkan TUHAN kepada mereka, demikianlah diperbuat mereka. Adapun Musa delapan puluh tahun umurnya dan Harun delapan puluh tiga tahun, ketika mereka berbicara kepada Firaun.

Setiap orang mempunyai hak untuk bahagia, tetapi tidak banyak orang yang sungguh-sungguh merasa bahagia. Terutama di dunia masa kini yang begitu penuh dengan berbagai macam kecelakaan, penyakit, dan kejahatan, sehingga sulit untuk menjamin kebahagiaan seseorang.

Tetapi ada seseorang yang ingin kita mengalami kebahagiaan melebihi orang lain. Dia adalah Allah Bapa yang telah menciptakan kita. Di dalam hati kebanyakan orangtua, merupakan kerinduan mereka untuk memberikan segalanya bagi anak-anak mereka, tanpa syarat, agar anak-anaknya bahagia. Allah kita jauh lebih mengasihi kita daripada orangtua manapun, dan Ia ingin memberkati kita jauh melebihi kerinduan orangtua mana pun.

Bagaimana mungkin bisa Allah ini menginginkan anak-anak-Nya untuk mengalami kesedihan atau bencana? Tidak ada yang dapat melampaui kerinduan Allah bagi kita.

Jika kita dapat menyadari makna rohani dan semua pemeliharaan Allah yang terkandung di dalam Sepuluh Tulah di Mesir, kita dapat memahami bahwa itu juga merupakan bentuk kasih-Nya. Terlebih lagi, kita dapat menemukan cara-cara untuk menghindari bencana. Tetapi bahkan di hadapan bencana kita dapat menemukan dan ditunjukkan jalan keluar serta meneruskan untuk pergi ke jalan berkat.

Saat dihadapkan dengan kesulitan, banyak orang tidak percaya kepada-Nya tetapi masih mengeluh kepada Allah. Bahkan di antara orang percaya, ada orang-orang yang tidak mengerti akan hati Allah saat merea mengalami kesusahan. Mereka langsung kehilangan hatinya dan jatuh ke dalam keputusasaan.

Ayub adalah orang terkaya di Timur. Tetapi saat bencana datang atasnya, pada mulanya ia tidak memahami kehendak Allah. Ia berbicara seolah-olah ia telah menduga bahwa apa yang telah terjadi kepadanya dapat saja terjadi lagi atas dia. Hal itu diungkapkan di dalam Ayub 2:10. Ia mengatakan bahwa karena ia menerima berkat dari Allah, maka ada kemungkinan ia juga menerima kemalangan. Namun, ia salah paham dengan menganggap bahwa Allah memberikan berkat dan kemalangan tanpa sebab atau alasan.

Allah tidak pernah merancangkan kecelakaan bagi kita melainkn hanya damai sejahtera. Sebelum kita masuk ke dalam pembahasan tentang Sepuluh Tulah yang menimpa Mesir, mari kita pertimbangkan situasi dan keadaan saat itu.

Asal Mula Bangsa Israel

Israel adalah bangsa pilihan Allah. Di dalam sejarah mereka, kita dapat menemukan pemeliharaan dan kehendak Allah dengan baik. Israel adalah nama yang diberikan kepada Yakub, cucu Abaraham. Israel artinya adalah *"Engkau telah bergumul dengan Allah dan manusia dan menang"* (Kejadian 32:28).

Ishak dilahirkan bagi Abraham, dan ia memiliki anak kembar. Mereka adalah Esau dan Yakub. Pada saat dilahirkan, terjadi keanehan, anak yang kedua, Yakub memegang tumit kakaknya Esau. Yakub ingin mengambil hak kesulungan dari kakaknya Esau.

Karena itulah Yakub kemudian membeli hak kesulungan itu dari Esau dengan sejumlah roti dan bubur kacang merah. Ia juga menipu bapanya, Ishak, untuk mengambil berkat anak sulung dari Esau.

Pada masa kini, pikiran orang-orang telah banyak berubah dan mereka meninggalkan warisan bukan hanya kepada anak-anak lelaki tetapi juga kepada anak-anak perempuan. Tetapi di masa lalu, anak laki-laki pertama biasanya menerima semua warisan dari bapa mereka. Di Israel juga berkat bagi anak sulung laki-laki ini sangat besar.

Alkitab mengatakan kepada kita bahwa Yakub mengambil berkat anak sulung dengan cara licik, tetapi ia sesungguhnya rindu untuk menerima berkat dari Allah. Sampai ia benar-benar menerima berkat, maka ia harus melalui banyak sekali kesulitan. Ia harus melarikan diri dari kakaknya. Ia bekerja kepada pamannya, Laban, selama dua puluh tahun dan saat bekerja itu ia sering ditipu dan dicurangi oleh Laban.

Saat Yakub kembali ke kampung halamannya, ia berada dalam situasi yang mengancam jiwa karena kakaknya masih marah kepadanya. Yakub harus melalui segala kesulitan ini karena ia memuliki sifat yang licik untuk mencari keuntungan bagi dirinya sendiri.

Tetapi karena ia takut akan Allah melebihi yang lainnya, ia menghancurkan ego dan 'keakuan'nya melalui masa-masa pencobaan. Demikianlah, ia akhirnya menerima berkat dari Allah dan bangsa Israel dibangun melalui kedua belas anaknya.

Latar Belakang Keluaran dan Tampilnya Musa

Mengapa bangsa Israel harus menjadi budak di Mesir?

Yakub, bapa Israel, menunjukkan kasih yang lebih besar terhadap anaknya yang kesebelas, Yusuf. Yusuf terlahir dari Rahel, istri yang sangat dikasihi Yakub. Hal ini memicu rasa iri dari saudara-saudara tiri Yusuf, dan akhirnya ia dijual ke Mesir sebagai budak oleh mereka.

Yusuf takut akan Allah dan bertindak dengan lurus hati. Ia berjalan dengan Allah dalam segala hal dan hanya dalam waktu tiga belas tahun sejak ia dijual ke Mesir, ia menjadi penguasa atas seluruh tanah Mesir hanya satu tingkat di bawah firaun.

Ada bencana kelaparan hebat di Timur Dekat, dan dengan pengaruh Yusuf, maka Yakub dan seisi keluarganya pindah ke Mesir. Karena Mesir selamat dari bencana kelaparan hebat itu oleh hikmat Yusuf, maka Firaun dan bangsa Mesir memperlakukan keluarganya dengan sangat baik dan memberikan tanah di Gosyen untuk mereka.

Setelah beberapa generasi berlalu, bangsa Israel bertambah sangat banyak jumlahnya. Bangsa Mesir jadi merasa terancam. Telah ratusan tahun lamanya Yusuf meninggal dan mereka telah melupakan jasanya.

Kemudian, orang Mesir mulai menganiaya bangsa Israel dan menjadikan mereka sebagai budak. Bangsa Israel dipaksa untuk melakukan berbagai pekerjaan berat.

Dan lagi, untuk menghentikan angka pertumbuhan bangsa Israel, Firaun memerintahkan para bidan Ibrani untuk membunuh semua bayi laki-laki yang baru lahir.

Musa, pemimpin dari Keluaran, dilahirkan pada masa kegelapan ini.

Ibunya melihat bahwa ia adalah seorang anak yang elok parasnya dan menyembunyikannya selama tiga bulan. Ketika ia tidak dapat lagi menyembunyikannya, ia menaruh bayinya di sebuah keranjang dan menghanyutkannya di antara ilalang di tepian sungai Nil.

Pada saat itu, putri Firaun turun untuk mandi di sungai Nil. Ia melihat keranjang itu dan ingin memelihara bayi tersebut. Kakak perempuan Musa telah mengamati apa yang terjadi dan dengan cepat ia menganjurkan Yokhebed, ibu kandung Musa, sebagai ibu susunya. Dengan begini, Musa dibesarkan oleh ibunya sendiri.

Secara alami ia jadi mengenal tentang Allah Abraham, Ishak, dan Yakub, serta tentang bangsa Israel.

Karena dibesarkan di dalam istana Firaun, Musa memperoleh

berbagai jenis pengetahuan yang akan mempersiapkan dan memperlengkapinya sebagai seorang pemimpin. Pada saat yang sama ia belajar banyak tentang bangsanya dan tentang Allah. Kasihnya kepada Allah dan bagi bangsanya juga semakin besar.

Allah memilih Musa sebagai pemimpin Keluaran dan sejak lahir ia telah mempelajari dan mempraktekkan kepemimpinan.

Musa dan Firaun

Pada suatu hari, terjadi sebuah titik balik dalam kehidupan Musa. Ia selalu mengkhawatirkan bangsanya, orang Ibrani, dan ia kasihan melihat mereka kerja keras dan penderitaan mereka sebaai budak. Pada suatu hari, ia melihat seorang Mesir memukuli seorang Ibrani. Ia tidak dapat menahan kemarahannya dan kemudian membunuh orang Mesir itu. Pada akhirnya Firaun mendengar tentang hal itu dan Musa harus melarikan diri darinya.

Musa kemudian harus menghabiskan empat puluh tahun berikutnya menggembalakan domba di padang Midian. Semua ini ada dalam pemeliharaan Allah untuk mempersiapkan dia sebagai pemimpin Keluaran. Selama empat puluh tahun menggembalakan domba milik ayah mertuanya di padang gurun, ia sepenuhnya membuang harga dirinya sebagai seorang pangeran Mesir dan menjadi orang yang sangat rendah hati.

Barulah setelahnya Allah memanggil Musa sebaai pemimpin Keluaran.

Tetapi Musa berkata kepada Allah: "Siapakah aku ini, maka aku yang akan menghadap Firaun dan membawa orang Israel keluar dari Mesir?" (Keluaran 3:11).

Karena Musa hanya menggembalakan domba selama empat puluh tahun, maka ia tidak memiliki kepercayaan diri. Allah juga mengetahui hatinya, dan Ia Sendiri kemudian menunjukkan kepada Musa berbagai tanda seperti mengubah tongkat menjadi ular agar ia pergi kepada Firaun dan menyampaikan perintah Allah.

Musa sepenuhnya merendahkan diri dan dapat taat pada firman Allah. Tetapi Firaun, tidak seperti Musa, adalah orang yang sangat bebal dan keras hati.

Orang yang mengeraskan hati tidak akan berubah walaupun telah melihat banyak pekerjaan Allah. Dalam perumpamaan terkenal yang diceritakan Yesus dalam Matius 13:18-23, di antara empat jenis ladang, hati yang dikeraskan masuk ke dalam kategori 'pinggir jalan'. Pinggir jalan sangatlah keras karena orang-orang berjalan di atasnya. Orang-orang yang memiliki hati seperti ini tidak akan berubah walaupun telah melihat pekerjaan-pekerjaan Allah.

Pada saat itu bangsa Mesir memiliki karakter yang sangat

kuat dan berani seperti singa. Penguasa mereka, sang Firaun, memiliki kekuasaan mutlak dan menganggap dirinya sebagai dewa. Orang-orang juga menyembah dia seperti dewa.

Musa berbicara tentang Allah kepada bangsa yang memiliki pengertian budaya seperti ini. Mereka tidak tahu apa-apa tentang Allah yang dibicarakan oleh Musa, yang memerintahkan Firaun untuk melepaskan bangsa Israel. Tentu saja sangat sulit bagi mereka untuk mendengarkan Musa.

Mereka menikmati keuntungan besar dari kerja paksa bangsa Israel, sehingga menjadi lebih sulit untuk menerimanya.

Sekarang pun, ada orang-orang yang hanya menganggap pengetahuan, ketenaran, kekuasaan, atau kekayaaan mereka adalah yang terbaik. Mereka hanya mencari keuntungan bagi diri mereka dan percaya pada kemampuan mereka sendiri. Mereka sombong dan mengeraskan hati.

Firaun dan orang-orang Mesir juga mengeraskan hati. Sehingga mereka tidak taat pada kehendak Allah yang disampaikan oleh Musa. Mereka tidak taat sampai saat terakhir, dan akhirnya mereka pun dibinasakan.

Tentu saja, walaupun Firaun mengeraskan hati, Allah tidak dari semula memberikan tulah yang hebat.

Seperti dikatakan, *"TUHAN itu pengasih dan penyayang, panjang sabar dan besar kasih setia-Nya"* (Mazmur 145:8), Allah menunjukkan kuasa-Nya kepada mereka berkali-kali. Allah ingin mereka mengakui Dia dan taat kepada-Nya. Tetapi

Firaun malah semakin mengeraskan hatinya.

Allah yang melihat hati dan pikiran setiap orang, mengatakan kepada Musa dan memberitahukan kepadanya tentang segala yang akan Ia lakukan.

"Tetapi Aku akan mengeraskan hati Firaun, dan Aku akan memperbanyak tanda-tanda dan mujizat-mujizat yang Kubuat di tanah Mesir. Bilamana Firaun tidak mendengarkan kamu, maka Aku akan mendatangkan tangan-Ku kepada Mesir dan mengeluarkan pasukan-Ku, umat-Ku, orang Israel, dari tanah Mesir dengan hukuman-hukuman yang berat. Dan orang Mesir itu akan mengetahui, bahwa Akulah TUHAN, apabila Aku mengacungkan tangan-Ku terhadap Mesir dan membawa orang Israel keluar dari tengah-tengah mereka" (Keluaran 7:3-5).

Firaun yang Mengeraskan Hati dan Sepuluh Tulah

Selama seluruh proses Keluaran, kita banyak menemukan ungkapan, "TUHAN mengeraskan hati Firaun."

Secara harfiah, sepertinya Allah yang sengaja mengeraskan hati Firaun, dan orang dapat salah paham menganggap Allah seperti diktator. Tapi hal itu tidak benar.

Allah menginginkan setiap orang untuk menerima keselamatan (1 Timotius 2:4). Ia ingin agar orang yang hatinya paling keras sekalipun untuk menyadari kebenaran dan mencapai keselamatan.

Allah kita adalah Allah kasih; Ia tidak akan dengan sengaja mengeraskan hati Firaun untuk menunjukkan kemuliaan-Nya. Juga, lewat fakta bahwa Allah berulang kali mengirim Musa kepada Firaun, kita dapat melihat bahwa Allah ingin agar Firaun dan semua orang mengubah hati mereka dan taat kepada-Nya.

Allah melakukan segala sesuatu dalam suatu tatanan, dalam kasih, dan keadilan, mengikuti firman-Nya di dalam Alkitab.

Jika kita melakukan kejahatan dan tidak mendengarkan firman Allah, maka Iblis musuh kita akan mendakwa kita. Itulah sebabnya kita menghadapi berbagai ujian dan pencobaan. Orang yang taat pada firman Allah dan hidup dalam kebenaran akan menerima berkat.

Manusia memilih tindakan mereka dengan kehendak bebas mereka sendiri. Allah tidak merancang siapa yang akan menerima berkat dan siapa yang tidak. Seandainya Allah bukan merupakan Allah yang setia dan adil, Ia dapat saja menimpakan tulah hebat ke atas Mesir dari permulaan untuk membuat Firaun tunduk.

Allah tidak menginginkan 'ketaatan terpaksa' yang datang dari rasa takut. Ia ingin agar manusia membuka hati mereka dan menaati-Nya dengan kehendak bebas mereka.

Pertama-tama, Ia memberitahukan kehendak-Nya kepada

kita dan Ia menunjukkan kuasa-Nya supaya kita dapat taat. Tetapi jika kita tidak taat, Ia akan mulai dengan bencana-bencana kecil untuk membuat kita sadar dan membuat kita menemukan diri sendiri.

Allah Yang Mahakuasa mengenal hati manusia; Ia tahu saat kejahatan diungkapkan dan bagaimana kita dapat membuang kejahatan dan bagaimana menerima pemecahan atas masalah-masalah kita.

Bahkan sampai sekarang Ia membimbing kita pada jalan terbaik dan menerapkan metode terbaik untuk membuat kita datang sebagai anak-anak kudus Allah.

Dari waktu ke waktu, Ia mengizinkan terjadinya ujian dan pencobaan atas kita yang dapat kita atasi. Itu adalah cara bagi kita untuk menemukan kejahatan di dalam kita dan membuangnya. Saat jiwa kita sejahtera, Ia membuat segala sesuatu berjalan baik dalam hidup kita dan memberikan kita kesehatan.

Namun Firaun tidak membuangnya saat kejahatannya dibukakan. Ia mengeraskan hatinya dan terus saja menolak firman Allah. Karena Allah mengenal hati Firaun ini, Ia membiarkan hati Firaun yang keras itu dibukakan melalui tulah. Inilah sebabnya Alkitab mengatakan, "TUHAN mengeraskan hati Firaun."

'Mengeraskan hati' secara umum artinya adalah memiliki karakter yang pemilih dan keras kepala. Tetapi mengeraskan hati yang dituliskan di dalam Alkitab berkenaan dengan Firaun bukan hanya tentang menolak firman Allah dengan perbuatan jahat, tetapi juga menentang Allah.

Seperti yang sudah disebutkan sebelumnya, Firaun menjalani hidup yang sangat egois, bahkan ia menganggap dirinya adalah dewa. Semua orang taat kepadanya, dan ia tidak takut pada apa pun. Seandainya ia memiliki hati yang baik, ia sudah akan percaya kepada Allah setelah melihat berbagai pekerjaan penuh kuasa yang dimanifestasikan melalui Musa, walaupun ia tidak mengenal Allah sebelumnya.

Sebagai contoh, Nebukadnezar dari Babel yang hidup pada tahun 605 sampai 562 SM, sebelumnya tidak mengenal Allah, tetapi setelah ia menyaksikan kuasa Allah yang dimanifestasikan melalui ketiga teman Daniel, Sadrakh, Mesakh dan Abednego, ia pun mengakui Allah yang hidup.

> *"Nebukadnezar yang menyaksikan hal ini mengatakan, 'Terpujilah Allahnya Sadrakh, Mesakh dan Abednego! Ia telah mengutus malaikat-Nya dan melepaskan hamba-hamba-Nya, yang telah menaruh percaya kepada-Nya, dan melanggar titah raja, dan yang menyerahkan tubuh mereka, karena mereka tidak mau memuja dan menyembah allah manapun kecuali Allah mereka. Sebab itu aku mengeluarkan perintah, bahwa setiap orang dari bangsa, suku bangsa atau bahasa manapun ia, yang mengucapkan penghinaan terhadap Allahnya Sadrakh, Mesakh dan*

Abednego, akan dipenggal-penggal dan rumahnya akan dirobohkan menjadi timbunan puing, karena tidak ada allah lain yang dapat melepaskan secara demikian itu'" (Daniel 3:28-29).

Sadrakh, Mesakh dan Abedneo pergi ke negeri asing sebagai tawanan pada usia yang masih sangat muda. Tetapi karena taat pada perintah Allah mereka tidak tunduk di hadapan berhala. Mereka dilemparkan ke tungku berapi. Tetapi mereka tidak terluka sediki pun, bahkan tidak sehelai rambut mereka ada yang hangus. Saat Nebukadnezar menyaksikan ini, ia segera mengakui akan Allah Yang Hidup.

Ia tidak saja mengakui Allah Yang Mahakuasa saat menyaksikan pekerjaan Allah yang melampaui kemampuan manusia manapun; ia juga memberikan kemuliaan bagi Allah di hadapan seluruh rakyatnya.

Namun Firaun tidak mengakui Allah walaupun ia telah melihat pekerjaan-Nya yang penuh kuasa. Ia malah semakin mengeraskan hatinya. Barulah setelah ia mengalami bukan hanya satu atau dua melainkan sepuluh tulah maka ia membiarkan orang Israel pergi.

Tetapi karena hatinya yang keras pada dasarnya belum berubah, ia kemudian menyesal membiarkan orang Israel pergi. Ia mengejar mereka dengan pasukannya, dan akhirnya ia berserta pasukannya mati di Laut Merah.

Bangsa Israel Berada di Bawah Perlindungan Allah

Sementara seluruh tanah Mesir ditimpa tulah dan walaupun orang Israel berada di negeri yang sama, namun mereka tidak menderita tulah apa pun. Itu karena Allah menyediakan perlindungan khusus atas tanah Gosyen di mana orang Israel tinggal.

Jika Allah melindungi kita, maka kita juga akan menjadi aman bahkan dalam bencana atau kemalangan hebat. Walaupun kita mengalami penyakit atau kesulitan, kita dapat disembuhkan dan mengatasi semuanya oleh kuasa Allah.

Bukan karena mereka memiliki iman dan berbuat kebenaran maka bangsa Israel dilindungi. Mereka dilindungi oleh kenyataan bahwa mereka adalah bangsa pilihan Allah. Tidak seperti orang Mesir, mereka mencari Allah dalam penderitaannya, dan karena mereka mengakui Dia maka mereka dapat berada di bawah perlindungan-Nya.

Sama halnya juga, bahkan jika kita masih memiliki suatu kejahatan, kita dapat dilindungi dari bencana yang terjadi atas orang tidak percaya hanya oleh kenyataan bahwa kita telah menjadi anak-anak Allah.

Hal itu karena dosa kita telah diampuni oleh darah Yesus Kristus, dan kita telah menjadi anak-anak Allah; karenanya, kita bukan lagi anak-anak iblis, yang membawa pencobaan dan bencana atas kita.

Terlebih lagi, seiring dengan tumbuhnya iman, kita menjaga kekudusan Hari Tuhan, membuang kejahatan, dan menaati firman Allah, dan demikianlah, kita dapat menerima kasih dan berkat dari Allah.

"Maka sekarang, hai orang Israel, apakah yang dimintakan dari padamu oleh TUHAN, Allahmu, selain dari takut akan TUHAN, Allahmu, hidup menurut segala jalan yang ditunjukkan-Nya, mengasihi Dia, beribadah kepada TUHAN, Allahmu, dengan segenap hatimu dan dengan segenap jiwamu, berpegang pada perintah dan ketetapan TUHAN yang kusampaikan kepadamu pada hari ini, supaya baik keadaanmu?" (Ulangan 10:13).

Bab 2

Hidup yang Tidak Taat dan Tulah

Keluaran 7:8-13

Dan TUHAN berfirman kepada Musa dan Harun: "Apabila Firaun berkata kepada kamu: Tunjukkanlah suatu mujizat, maka haruslah kaukatakan kepada Harun: Ambillah tongkatmu dan lemparkanlah itu di depan Firaun. Maka tongkat itu akan menjadi ular." Musa dan Harun pergi menghadap Firaun, lalu mereka berbuat seperti yang diperintahkan TUHAN; Harun melemparkan tongkatnya di depan Firaun dan para pegawainya, maka tongkat itu menjadi ular. Kemudian Firaunpun memanggil orang-orang berilmu dan ahli-ahli sihir; dan merekapun, ahli-ahli Mesir itu, membuat yang demikian juga dengan ilmu mantera mereka. Masing-masing mereka melemparkan tongkatnya, dan tongkat-tongkat itu menjadi ular. Tetapi tongkat Harun menelan tongkat-tongkat mereka. Tetapi hati Firaun berkeras, sehingga tidak mau mendengarkan mereka keduanya-seperti yang telah difirmankan TUHAN.

Karl Marx menyangkal Allah. Ia mendirikan komunisme dengan dasar materialisme. Teorinya membuat banyak orang meninggalkan Allah. Saat itu sepertinya seluruh dunia akan segera mengadopsi komunisme. Tetapi kenyataannya komunisme runtuh dalam waktu seratus tahun.

Pada saat jatuhnya komunisme, Marx menderita dari berbagai hal dalam kehidupan pribadinya seperti perasaan yang tidak aman secara mental dan kematian anak-anaknya di usia muda. Friedrich W. Nietzsche, yang berkata Allah sudah mati, mempengaruhi banyak orang untuk menentang Allah. Tetapi tidak lama kemudian, ia menjadi orang gila karena ketakutan dan hidupnya berakhir tragis.

Kita dapat melihat bahwa orang-orang yang menentang Allah dan tidak menaati firman-Nya menderita kesusahan seperti tulah dan hidup mereka sangat menyedihkan.

Perbedaan Antara Tulah, Pencobaan, Ujian, dan Kesengsaraan

Apakah mereka merupakan orang percaya atau tidak, semua orang menghadapi berbagai masalah dalam hidup mereka. Itu karena hidup kita ada dalam pemeliharaan Allah untuk penanaman manusia yang dirancang-Nya untuk memperoleh anak-anak sejati.

Allah hanya memberikan hal-hal yang baik kepada kita. Tetapi sejak dosa masuk ke dalam manusia oleh karena dosa

Adam, maka dunia ini jadi berada di bawah kendali setan dan Iblis. Sejak dari saat itu, manusia mulai menderita berbagai kesulitan dan kesedihan.

Orang-orang mulai melakukan dosa oleh karena kebencian, kemarahan, iri hati, kesombongan, dan pikiran zina. Mereka menderita semua ujian dan pencobaan yang dibawa oleh setan dan Iblis musuh kita sesuai dengan seberapa serius dosa yang mereka lakukan.

Saat mereka menghadapi keadaan yang sangat sulit, manusia berkata bahwa itu adalah sebuah bencana. Saat orang percaya juga menghadapi hal sulit, mereka sering menggunakan istilah 'ujian', 'kesengsaraan', atau 'pencobaan'.

Alkitab juga berkata, *"Dan bukan hanya itu saja. Kita malah bermegah juga dalam kesengsaraan kita, karena kita tahu, bahwa kesengsaraan itu menimbulkan ketekunan, dan ketekunan menimbulkan tahan uji dan tahan uji menimbulkan pengharapan"* (Roma 5:3-4).

Menurut apakah seseorang hidup oleh kebenaran atau tidak, dan menurut seberapa banyak ukuran iman yang dimiliki masing-masing orang, maka semua itu dapat disebut bencana, atau tulah, ujian, atau kesengsaraan.

Misalnya, ketika seseorang memiliki iman tetapi tidak berbuat sesuai dengan firman yang telah ia dengarkan selama ini, maka Allah tidak dapat melindunginya dari berbagai kesulitan. Ini dapat disebut 'kesengsaraan'. Lebih lagi, jika ia membuang imannya dan bertindak dalam ketidakbenaran, ia akan mengalami tulah atau bencana.

Seandainya juga seseorang mendengarkan firman dan mencoba untuk mempraktikkannya, tetapi sekarang tidak hidup sepenuhnya oleh firman itu. Maka, ia harus mengalami proses pergumulan melawan kecenderungan dosanya. Saat seseorang bertemu dengan berbagai kesulitan yang membuatnya harus bergumul melawan dosa-dosanya sampai menitikkan darah, maka Alkitab mengatakan bahwa ia mengalami pencobaan atau pendisiplinan. Maka, berbagai kesulitan yang ia temui disebut 'pencobaan'.

Ada juga 'ujian', yaitu peristiwa yang terjadi untuk melihat seberapa besar iman seseorang telah tumbuh. Demikianlah, bagi orang-orang yang mencoba untuk hidup menurut firman, ada pencobaan dan ujian yang mengikutinya. Jika seseorang melepaskan diri dari kebenaran dan membuat Allah marah, ia akan mengalami 'kesengsaraan' atau 'tulah'.

Penyebab Tulah

Saat seseorang secara sadar melakukan dosa, Allah harus memalingkan wajah-Nya dari orang itu. Lalu, setan dan Iblis musuh kita dapat menimpakan tulah atas dia. Tulah datang kepada orang yang tidak menaati firman Allah.

Jika ia tidak berbalik dan terus saja berdosa, bahkan setelah ia mengalami tulah, maka ia akan menderita tulah yang lebih hebat seperti yang terjadi dengan Sepuluh Tulah di Mesir. Tetapi jika ia bertobat dan berbalik, maka tulah-tulah itu akan pergi oleh belas kasihan Allah.

Manusia menderita tulah karena kejahatan mereka sendiri, tetapi kita dapat menemukan dua jenis kelompok di antara yang menderita itu.

Satu kelompok datang kepada Allah dan mencoba untuk bertobat dan berbalik melalui tulah itu. Di lain pihak, kelompok yang berikutnya masih mengeluh di hadapan Allah dengan berkata, "Saya rajin datang ke gereja, berdoa, dan memberikan persembahan, kenapa saya harus mengalami tulah seperti ini?"

Hasilnya akan menajdi sangat berbeda dari satu sama lain. Dalam kasus pertama, tulah itu akan diambil dan belas kasihan Allah akan turun atas mereka. Tetapi untuk yang kemudian, mereka bahkan tidak sadar akan masalahnya, maka tulah yang lebih besar akan datang kepada mereka.

Bila seseorang memiliki kejahatan di daam hatinya, akan sulit baginya untuk mengenali kesalahannya dan berbalik. Orang yang seperti itu memiliki hati yang keras sehingga ia tidak membuka pintu hatinya walaupun ia telah mendengarkan injil. Bahkan jika ia telah memiliki iman, ia gagal memahami firman Allah; ia hanya datang ke gereja tetapi tidak mengubah dirinya.

Karena itu, jika Anda mengalami tulah, anda harus menyadari bahwa pasti ada sesuatu yang tidak pantas dalam pandangan Allah, dan cepat berbalik serta keluar dari tulah itu.

Kesempatan yang Diberikan oleh Allah

Firaun menolak firman Allah yang disampaikan kepadanya melalui Musa. Ia tidak berbalik saat tulah-tulah kecil menimpa Mesir, sehingga ia harus mengalami tulah yang lebih hebat. Ketika ia masih saja berbuat jahat, dan tidak menaati Allah, seluruh negerinya menjadi terlalu lemah untuk dapat pulih kembali. Akhirnya ia mengalami kematian yang tragis. Betapa bodohnya ia!

Kemudian Musa dan Harun pergi menghadap Firaun, lalu berkata kepadanya: "Beginilah firman TUHAN, Allah Israel: Biarkanlah umat-Ku pergi untuk mengadakan perayaan bagi-Ku di padang gurun" (Keluaran 5:1).

Ketika Musa meminta Firaun untuk membebaskan bangsa Israel sesuai dengan firman Allah, Firaun segera menolak.

Tetapi Firaun berkata: "Siapakah TUHAN itu yang harus kudengarkan firman-Nya untuk membiarkan orang Israel pergi? Tidak kenal aku TUHAN itu dan tidak juga aku akan membiarkan orang Israel pergi" (Keluaran 5:2).

Lalu kata mereka: "Allah orang Ibrani telah menemui kami; izinkanlah kiranya kami pergi ke padang gurun tiga hari perjalanan jauhnya, untuk mempersembahkan korban kepada TUHAN, Allah kami, supaya jangan nanti mendatangkan kepada kami penyakit sampar atau pedang" (Keluaran 5:3).

Ketka Firaun mendengar perkataan Musa dan Harun, ia dengan tanpa alasan menuduh orang-orang Israel bersikap malas dan hanya memikirkan hal selain pekerjaan mereka. Ia menganiaya mereka dengan kerja paksa yang lebih kejam. Sebelumnya orang Israel diberikan jerami untuk membuat bata, tetapi kemudian mereka harus membuat bata dengan jumlah yang sama tanpa diberikan jerami. Sebelumnya sudah sangat sulit bagi orang Israel untuk membuat jumlah bata tersebut bahkan saat ada jerami, tetapi kemudian Firaun berhenti memberikan jerami. Kita dapat melihat betapa kerasnya hati Firaun.

Saat pekerjaan mereka menjadi semakin berat, orang Israel mulai menggerutu kepada Musa. Tetapi Allah mengirim Musa kepada Firaun lagi untuk menunjukkan tanda-tanda. Allah memberikan kepada Firaun yang menolak firman Allah, satu kesempatan untuk bertobat dengan menunjukkan kepadanya kuasa Allah.

"Musa dan Harun pergi menghadap Firaun, lalu mereka berbuat seperti yang diperintahkan TUHAN; Harun melemparkan tongkatnya di depan Firaun dan para pegawainya, maka tongkat itu menjadi ular" (Keluaran 7:10).

Melalui Musa, Allah membuat seekor ular dari tongkat, untuk menunjukkan Allah Yang Hidup kepada Firaun yang belum mengenal Allah.

Secara rohani, 'ular' merujuk kepada Iblis, lalu mengapa Allah membuat ular dari tongkat? Tanah di mana Musa berdiri dan juga tongkat itu adalah kepunyaan dunia ini. Dunia ini adalah milik setan dan Iblis musuh kita. Untuk melambangkan hal ini maka Allah membuat seekor ular. Hal ini memberi tahu kita bahwa orang-orang yang tidak benar dalam pandangan Allah selalu menerima pekerjaan Iblis.

Firaun menentang Allah, sehingga Allah tidak dapat memberkati dia. Itulah sebabnya Allah memunculkan ular, yang mewakili Iblis. Hal itu untuk memberi pertanda bahwa akan ada pekerjaan Iblis. Tulah-tulah yang berikutnya seperti air menjadi darah, katak, dan nyamuk, semuanya adalah pekerjaan dari Iblis.

Karenanya, tongkat yang berubah menjadi ular adalah tingkatan di mana terjadi beberapa hal kecil sehingga orang yang peka dapat merasakannya. Hal-hal itu bisa jadi malah dianggap sebagai suatu kebetulan. Itu adalah tahapan dimana tidak sungguh-sungguh ada kerusakan. Itulah kesempatan yang diberikan oleh Allah untuk bertobat.

Firaun Membawa Para Tukang Sihir Mesir

Saat Firaun melihat tongkat Harun berubah menjadi ular, ia memanggil orang-orang berilmu dan para tukang sihir Mesir. Mereka semua adalah penyihir istana dan melakukan banyak tipuan sihir di hadapan raja sebagai hiburan. Mereka naik ke posisi pejabat melalui sihir. Juga, karena kemampuan itu mereka warisi dari leluhurnya, mereka sebenarnya lahir dengan watak itu.

Bahkan di masa kini, ada pesulap-pesulap yang menembus Tembok Besar Cina di depan begitu banyak orang atau membuat Patung Liberty menghilang. Juga, ada orang-orang yang melatih diri mereka dengan Yoga untuk waktu yang lama dan dengan demikian mereka dapat tidur di atas ranting yang kecil, atau diam di bangku selama berhari-hari.

Sebagian dari pekerjaan sulap ini hanyalah tipuan mata. Namun tetap saja untuk itu mereka harus berlatih untuk melakukannya. Maka betapa lebih kuatnya para tukang sihir itu karena mereka telah tampil di hadapan raja selama banyak generasi! Terutama, karena mereka dapat mengembang dirinya untuk berhubungan dengan roh-roh jahat.

Ada tukang-tukang sihir di Korea yang memiliki hubungan dengan setan, dan mereka menari di atas bilah tajam alat pemotong rumput dan sama sekali tidak terluka. Para tukang sihir Firaun juga mengadakan hubungan dengan roh-roh jahat dan menunjukkan banyak perbuatan ajaib.

Tukang-tukang sihir di Mesir telah melatih dirinya untuk waktu yang lama, dan melalui ilusi dan tipuan mereka melemparkan tongkat dan membuatnya terlihat seperti ular.

Orang-orang yang Tidak Mengakui Allah Yang Hidup

Saat Musa melemparkan tongkatnya dan membuatnya jadi ular, Firaun sempat berpikiran bahwa memang ada Allah, dan Allah orang Israel adalah Allah yang sejati. Tetapi ketika ia melihat para tukang sihirnya membuat ular, ia tidak percaya kepada Allah.

Ular-ular yang dibuat oleh para tukang sihirnya dimakan oleh ular yang terbuat dari tongkat Harun, tetapi ia hanya menganggapnya sebagai kebetulan.

Di dalam iman, tidak ada yang namanya kebetulan. Tetapi pada orang percaya baru yang baru saja menerima Tuhan, mungkin akan banyak terjadi pekerjaan Iblis untuk mengganggu agar tidak percaya kepada Allah. Maka, banyak orang hanya menanggapnya sebagai suatu kebetulan.

Ada juga orang percaya yang baru menerima Tuhan menerima pemecahan atas masalah mereka dengan pertolongan Allah. Pada mulanya, mereka mengenali kuasa Allah, tetapi seiring dengan waktu mereka menganggapnya hanya sebagai kebetulan.

Sama seperti Firaun menyaksikan pekerjaan Allah mengubah

tongkat menjadi ular, tetapi tidak mengenali Allah, ada juga orang-orang yang tidak mengakui Allah Yang hidup tetapi hanya menganggap segalanya sebagai sebuah kebetulan bahkan setelah mengalami pekerjaan Allah.

Ada orang yang sepenuhnya percaya kepada Allah hanya dengan mengalami pekerjaan Allah sekali. Orang lain ada yang mula-mula mengakui Allah tetapi kemudian, mereka menganggap bahwa masalahnya diselesaikan dengan kemampuan, pengetahuan, dan pengalaman mereka sendiri, atau melalui bantuan tetangganya, dan menganggap pekerjaan Allah sebagai kebetulan saja.

Maka, Allah tak bisa berbuat lain daripada memalingkan wajah-Nya. Sebagai akibatnya, masalah mereka yang sudah terselesaikan bisa datang lagi.

Bila masalahnya adalah penyakit yang disembuhkan, maka bisa jadi penyakitnya kambuh kembali atau malah menjadi lebih parah. Bila masalahnya ada dalam bisnis, maka bisa timbul masalah yang lebih besar dari sebelumnya.

Ketika kita menganggap jawaban Allah hanya sebagai kebetulan, kita akan menjadi semakin jauh dari Allah. Kemudian, masalah yang sama dapat timbul kembali atau kita malah akan jatuh ke dalam keadaan yang lebih sulit.

Demikian juga halnya, karena Firaun mengangap pekerjaan Allah hanya sebagai suatu kebetulan, maka ia mulai mengalami tulah-tulah yang sebenarnya.

"Tetapi hati Firaun berkeras, sehingga tidak mau mendengarkan mereka keduanya-seperti yang telah difirmankan TUHAN" (Keluaran 7:13).

Bab 3

Tulah Air Menjadi Darah, Katak, dan Nyamuk

Keluaran 7:20-8:19

Demikianlah Musa dan Harun berbuat seperti yang difirmankan TUHAN; diangkatnya tongkat itu dan dipukulkannya kepada air yang di sungai Nil, di depan mata Firaun dan pegawai-pegawainya, maka seluruh air yang di sungai Nil berubah menjadi darah (7:20).
Berfirmanlah TUHAN kepada Musa: "Katakanlah kepada Harun: Ulurkanlah tanganmu dengan tongkatmu ke atas sungai, ke atas selokan dan ke atas kolam, dan buatlah katak-katak bermunculan meliputi tanah Mesir." Lalu Harun mengulurkan tangannya ke atas segala air di Mesir, maka bermunculanlah katak-katak, lalu menutupi tanah Mesir (8:5-6).
Berfirmanlah TUHAN kepada Musa: "Katakanlah kepada Harun: Ulurkanlah tongkatmu dan pukulkanlah itu ke debu tanah, maka debu itu akan menjadi nyamuk di seluruh tanah Mesir." Lalu mereka berbuat demikian; Harun mengulurkan tangannya dengan tongkatnya dan memukulkannya ke debu tanah, maka nyamuk-nyamuk itu hinggap pada manusia dan pada binatang. Segala debu tanah menjadi nyamuk di seluruh tanah Mesir (8:16-17). Lalu berkatalah para ahli itu kepada Firaun: "Inilah tangan Allah." Tetapi hati Firaun berkeras, dan ia tidak mau mendengarkan mereka-seperti yang telah difirmankan TUHAN (8:19).

Allah mengatakan kepada Musa bahwa hati Firaun akan berkeras, dan ia akan menolak untuk membiarkan orang Israel pergi walaupun ia telah melihat tongkat berubah menjadi ular. Kemudian, Allah memberi tahu Musa secara terinci apa yang harus dilakukan.

"Pergilah kepada Firaun pada waktu pagi, pada waktu biasanya ia keluar ke sungai; nantikanlah dia di tepi sungai Nil dengan memegang di tanganmu tongkat yang tadinya berubah menjadi ular" (Keluaran 7:15).

Musa bertemu dengan Firaun yang sedang berjalan di Sungai Nil. Ia menyampaikan firman Allah dengan memegang tongkat yang telah berubah menjadi ular di tangannya.

"Dan katakanlah kepadanya: TUHAN, Allah orang Ibrani, telah mengutus aku kepadamu untuk mengatakan: Biarkanlah umat-Ku pergi, supaya mereka beribadah kepada-Ku di padang gurun; meskipun begitu sampai sekarang engkau tidak mau mendengarkan." Sebab itu beginilah firman TUHAN: "Dari hal yang berikut akan kauketahui, bahwa Akulah TUHAN: Lihat, dengan tongkat yang di tanganku ini akan kupukul air yang di sungai Nil dan air itu akan berubah menjadi darah. Dan ikan yang dalam sungai Nil akan mati, sehingga sungai Nil

akan berbau busuk; maka orang Mesir akan segan meminum air dari sungai Nil ini" (Keluaran 7:16-18).

Tulah Air Menjadi Darah

Air adalah sesuatu yang sangat dekat kepada kita dan berkaitan secara langsung dengan hidup kita. Tujuh puluh persen dari tubuh manusia juga terdiri dari air; hal itu merupakan hal yang sangat esensial bagi semua makhluk hidup.

Sekarang, di hadapan tingginya populasi dunia dan perkembangan ekonomi, banyak negara yang menderita kekurangan air. PBB telah menetapkan "Hari Air Dunia" untuk mengingatkan kepada negara-negara di dunia akan pentingnya air. Hal ini dilakukan untuk mendorong orang-orang agar memanfaatkan sumber daya air yang terbatas secara efisien.

Di kerajaan Cina kuno, rakyatnya memiliki menteri pengendalian air. Kita dapat dengan mudah melihat air mengelilingi kita di mana saja, tetapi kadang-kadang kita gagal melihat betapa besar manfaatnya bagi kehidupan kita.

Sungguh akan menjadi sebuah masalah besar jika semua air di dunia ini berubah menjadi darah! Firaun dan orang Mesir mengalami hal yang sungguh luar biasa seperti itu. Air Sungai Nil berubah menjadi darah.

Tetapi Firaun mengeraskan hatinya dan tidak mendengarkan firman Allah, karena ia telah melihat ahli-ahlinya mengubah air menjadi darah juga.

Musa menunjukkan kepadanya Allah Yang Hidup, tetapi Firaun hanya menganggapnya sebagai sebuah kebetulan dan menolaknya. Demikianlah, karena ia memiliki kejahatan, tulah turun atas dia.

Musa dan Harun berbuat tepat seperti yang difirmankan TUHAN. Maka Musa mengangkat tongkat itu dan dipukulkannya kepada air yang di sungai Nil, di depan mata Firaun dan pegawai-pegawainya, maka seluruh air yang di sungai Nil berubah menjadi darah.

Kemudian, orang Mesir harus menggali di sekitar Sungai Nil untuk mendapatkan air minum. Ini adalah tulah yang pertama.

Arti Rohani dari Tulah Air Menjadi Darah

Kini, apakah makna rohani yang terkandung dalam tulah air menjadi darah?

Bagian terbesar dari Mesir adalah gurun dan padang belantara. Karenanya, Firaun dan rakyatnya menjadi sangat menderita karena air minum mereka berubah menjadi darah.

Bukan hanya air minum dan air untuk keperluan sehari-hari yang menjadi rusak, tetapi juga ikan-ikan di dalam air menjadi mati dan, dan ada bau busuk. Rasanya sungguh tidak nyaman.

Dalam hal ini, tulah air menjadi darah secara rohani merujuk pada penderitaan yang diakibatkan oleh hal-hal yang terkait langsung dengan kehidupan keseharian kita. Di antaranya adalah hal-hal yang menyebalkan dan menyakitkan, datang dari orang-orang terdekat kita seperti anggota keluarga, teman-teman, dan rekan kerja.

Berkenaan dengan kehidupan Kristen kita, tulah ini dapat berupa sesuatu seperti penganiayaan atau ujian yang datang dari sahabat terdekat, orangtua, kerabat, atau tetangga. Tentu saja, orang-orang yang memiliki ukuran iman lebih besar akan dapat mengatasinya dengan lebih mudah, tetapi orang yang imannya kecil akan sangat menderita oleh aniaya dan ujian.

Pencobaan Turun Atas Orang yang Memiliki Kejahatan

Ada dua kategori saat kita menghadapi pencobaan.

Yang pertama adalah pencobaan yang datang saat kita tidak hidup menurut firman Allah. Pada saat ini, jika kita segera bertobat dan berbalik, maka Allah akan mengangkat pencobaan itu.

Yakobus 1:13-14 berkata, *"Apabila seorang dicobai, janganlah ia berkata: "Pencobaan ini datang dari Allah!" Sebab Allah tidak dapat dicobai oleh yang jahat, dan Ia sendiri tidak mencobai siapapun. Tetapi tiap-tiap orang dicobai oleh keinginannya sendiri, karena ia diseret dan dipikat olehnya."*

Penyebab kita menghadapi banyak kesulitan adalah karena kita ditarik oleh nafsu kita dan karena kita tidak hidup menurut firman Allah, dan karenanya Iblis musuh kita membawa pencobaan-pencobaan atas kita.

Yang kedua, kadang-kadang kita mencoba untuk menjadi setia dalam kehidupan Kekristenan kita, tetapi masih menghadapi pencobaan. Itu adalah pekerjaan Iblis yang mengganggu kita untuk mencoba membuat kita membuang iman kita. Jika kita berkompromi dalam hal ini, maka kesulitan akan menjadi semakin besar dan kita tidak akan dapat menerima berkat. Ada orang yang kehilangan iman mereka yang sudah kecil itu dan kembali pada dunia.

Meski demikian, kedua hal itu disebabkan karena kita masih memiliki kejahatan di dalam diri kita. Demikianlah, kita harus dengan tekun menemukan bentuk-bentuk kejahatan di dalam kita dan berbalik dari padanya. Kita harus berdoa dengan iman dan mengucap syukur. Maka, kita akan dapat mengatasi pencobaan.

Sama seperti ular Musa menelan ular-ular dari para tukang sihir, dunia Iblis juga berada di bawah kendali Allah. Ketika Allah memanggil Musa, Ia menunjukkan sebuah tanda dengan mengubah tongkat menjadi ular dan mengembalikannya menjadi tongkat lagi. Hal ini melambangkan fakta bahwa bahkan jika ada ujian yang terjadi atas kita melalui pekerjaan Iblis, jika kita menunjukkan iman kita dengan mengandalkan Allah sepenuhnya, maka Allah akan mengembalikan semuanya menjadi seperti semula.

Sebaliknya, jika kita berkompromi, maka itu bukanlah iman, dan kita tidak dapat mengalami pekerjaan Allah. Jika kita menghadapi pencobaan, kita harus mengandalkan Allah sepenuhnya dan melihat pekerjaan Allah mengambil pencobaan itu dengan kuasa-Nya.

Segala sesuatu ada di bawah kendali Allah. Demikianlah, apakah ujian itu besar atau kecil, jika kita mengandalkan Allah sepenuhnya dan menaati firman Allah, maka pencobaan itu tidak akan menjadi masalah bagi kita. Allah Sendiri yang akan menyelesaikan masalah itu dan membawa kita pada kemakmuran dalam segala hal.

Tetapi yang penting adalah bahwa, jika yang kita hadapi adalah tulah yang ringan, kita dapat pulih dengan mudah, tetapi bila terjadi tulah hebat, maka tidak mudah bagi kita untuk pulih sepenuhnya. Karenanya kita harus selalu memeriksa diri kita dengan firman kebenaran, membuang segala bentuk kejahatan, dan hidup menurut firman Allah, sehingga kita tidak akan menghadapi tulah apa pun.

Ujian bagi Orang Beriman Adalah untuk Tujuan Berkat

Kadang-kadang ada beberapa pengecualian. Bahkan orang-orang yang memiliki iman besar dapat menghadapi ujian. Rasul Paulus, Abraham, Daniel dan ketiga temannya, serta Yeremia semuanya mengalami ujian. Bahkan Yesus digodai oleh setan sebanyak tiga kali. Demikian juga, ujian yang datang atas orang-orang beriman adalah untuk berkat. Jika mereka bersukacita, mengucap syukur dan mengandalkan Allah sepenuhnya, maka ujian itu akan berubah menjadi berkat dan mereka dapat memuliakan Allah. Demikianlah, mungkin saja orang-orang yang beriman menghadapi ujian karena mereka dapat menerima berkat dengan mengatasinya. Namun mereka tidak akan pernah ditimpa tulah. Tulah datang atas orang yang melakukan kesalahan dan pelanggaran dalam pandangan Allah.

Misalnya, Rasul Paulus mengalami begitu banyak aniaya demi Tuhan, tetapi melalui penganiayaan itu ia menerima kekuatan yang lebih besar dan memainkan peranan penting dalam penginjilan di Kekaisaran Romawi sebagai rasul bagi orang-orang bukan Yahudi.

Daniel tidak berkompromi dengan persengkongkolan yang dibuat oleh orang-orang jahat yang iri padanya. Ia tidak berhenti berdoa, tetapi hanya berjalan dengan kebenaran. Pada akhirnya, ia dilemparkan ke dalam gua singa, tetapi ia tidak terluka sama sekali. Ia memuliakan Allah dengan luar biasa.

Yeremia berduka dan memperingatkan orang-orang dengaN airmata saat saat orang-orang berbuat dosa di hadapan Allah. Untuk itu ia dipukuli dan dipenjarakan. Tetapi bahkan dalam situasi dimana Yerusalem ditaklukkan oleh Nebukadnezar Raja Babel dan banyak sekali orang-orang yang dibunuh dan menjadi tawanan, Yeremia selamat dan diperlakukan dengan baik oleh raja itu.

Dengan iman, Abraham berhasil melewati ujian untuk mempersembahkan anaknya, Ishak, sehingga ia dapat dipanggil sahabat Allah. Ia menerima berkat yang begitu besar dalam tubuh dan roh sehingga bahkan raja sebuah bangsa menerimanya dengan hormat.

Seperti yang telah dijelaskan, yang banyak terjadi adalah, pencobaan turun atas kita karena kejahatan yang ada dalam kita, tetapi ada juga pengecualian dimana anak Allah menerima ujian dalam iman mereka. Tetapi hasil dari hal ini adalah berkat.

Tulah Katak

Bahkan setelah tujuh hari sejak sungai Nil berubah menjadi darah, Firaun mengeraskan hatinya. Karena ahli-ahlinya dapat juga mengubah air menjadi darah, maka ia menolak untuk membiarkan orang-orang Israel pergi.

Sebagai raja dari sebuah bangsa, Firaun harus memperhatikan ketidaknyamanan rakyatnya yang menderita akibat kekurangan air, tetapi ia tidak sungguh-sungguh peduli karena hatinya keras.

Karena kekerasan hati Firaun, maka tulah kedua melanda Mesir.

"Katak-katak akan mengeriap dalam sungai Nil, lalu naik dan masuk ke dalam istanamu dan kamar

tidurmu, ya sampai ke dalam tempat tidurmu, ke dalam rumah pegawai-pegawaimu, dan rakyatmu, bahkan ke dalam pembakaran rotimu serta ke dalam tempat adonanmu. Katak-katak itu akan naik memanjati engkau, memanjati rakyatmu dan segala pegawaimu" (Keluaran 8:3-4).

Seperti yang difirmankan Allah kepada Musa, ketika Harun mengulurkan tangannya dengan tongkatnya ke atas air di mesir maka tidak terhitung banyaknya katak mulai menutupi tanah Mesir. Kemudian, para ahli-ahli itu melakukan yang sama dengan ilmu mereka.

Kecuali di Antartika, ada lebih dari empat ratus jenis katak yang berbeda di seluruh dunia. Ukurannya bervariasi mulai dari 2,5 cm sampai 30 cm.

Ada orang yang memakan katak, tetapi biasanya orang-orang terkejut atau jijik bila melihat katak. Mata katak membelalak dan mereka tidak mempunyai ekor. Kaki belakang mereka memiliki jaring dan kulitnya selalu basah. Semua ini dapat menyebabkan perasaan tidak nyaman.

Tidak hanya ada beberapa ekor tetapi tak terhitung jumlahnya katak menutupi seluruh negeri. Mereka hinggap di meja makan dan melompat-lompat di dalam kamar tidur dan di atas ranjang. Penduduk bahkan tidak bisa memikirkan untuk menikmati makanannya atau beristirahat dengan tenang dan damai.

Arti Rohani dari Tulah Katak

Kini, apakah makna rohani yang terkandung dalam tulah air menjadi darah?

Kitab Wahyu 16:13 memiliki ungkapan, *"tiga roh najis yang menyerupai katak."* Katak adalah salah satu hewan yang membuat jijik, dan secara rohani merujuk kepada Iblis.

Katak yang masuk ke istana raja dan rumah-rumah para menteri serta penduduk artinya adalah bahwa tulah ini menimpa semua orang dengan cara yang sama, terlepas dari kedudukan sosial mereka.

Katak juga naik dan hinggap ke tempat tidur artinya adalah bahwa akan ada masalah antara suami dan istri.

Sebagai contoh, misalnya saja sang istri adalah orang percaya tetapi suaminya tidak, dan suaminya itu memiliki hubungan gelap. Kemudian, saat ketahuan, ia akan memberikan alasan seperti, "Itu karena kamu pergi ke gereja terus-terusan."

Jika si istri percaya kepada suaminya, yang menyalahkan pergi ke gereja sebagai penyebab masalah pribadi mereka, dan akhirnya ia menjauh dari Allah, maka masalah ini disebabkan oleh 'Iblis di kamar tidur.'

Orang-orang menghadapi tulah seperti ini karena mereka mempunyai kejahatan. Mereka sepertinya menjalani kehidupan dalam iman yang baik, tetapi saat mereka dihadapkan pada ujian maka hati mereka goncang. Iman dan pengharapan mereka akan surga menghilang. Sukacita dan damai sejahtera mereka juga menghilang, dan mereka takut melihat kenyataan dari situasi itu. Tetapi jika mereka sungguh-sungguh memiliki pengharapan akan surga dan kasih bagi Allah, dan jika mereka memiliki iman yang sejati, maka mereka tidak akan menderita karena kesulitan-kesulita yang mereka lalui di bumi ini. Mereka malahan akan mengatasi kesulitan-kesulitan itu dan mulai menerima berkat.

Katak masuk ke dalam pembakaran roti dan tempat adonan. Tempat adonan merujuk pada makanan kita sehari-hari, dan pembakaran roti sebagai tempat kerja atau bidang usaha kita. Secara keseluruhan ini berarti bahwa Iblis bekerja di dalam keluarga, tempat kerja, usaha, dan bahkan makanan sehari-hari manusia, sehingga setiap orang akan berada dalam keadaan yang sulit dan tertekan.

Dalam keadaan semacam ini, ada orang yang tidak mengatasi pencobaan itu dengan berpikir, "Pencobaan-pencobaan ini menimpaku karena imanku dalam Yesus," dan kemudian mereka kembali pada dunia. Yaitu dengan pergi dari jalan keselamatan dan kehidupan kekal.

Tetapi jika mereka mengakui fakta bahwa kesulitan-kesulitan datang atas mereka karena kurangnya iman mereka dan kejahatan mereka, dan kemudian mereka bertobat daripadanya, maka pekerjaan-pekerjaan Iblis yang mengganggu akan pergi, dan Allah akan menolong mereka mengatasi kesulitan-kesulitan itu.

Jika kita sungguh-sungguh memiliki iman, tidak akan ada pencobaan atau tulah yang akan menjadi masalah bagi kita.

Bahkan walaupun kita mungkin mengalami pencobaan, jika kita bersukacita, mengucap syukur, dan berjaga-jaga serta berdoa, maka semua masalah dapat diselesaikan.

> *Kemudian Firaun memanggil Musa dan Harun serta berkata: "Berdoalah kepada TUHAN, supaya dijauhkan-Nya katak-katak itu dari padaku dan dari pada rakyatku; maka aku akan membiarkan bangsa itu pergi, supaya mereka mempersembahkan korban kepada TUHAN"* (Keluaran 8:8).

Firaun meminta Musa dan Harun untuk menyingkirkan semua katak yang melanda seluruh negeri. Oleh doa Musa, maka katak-katak itu mati lenyap dari rumah-rumah, dari istana, dan dari ladang.

Orang-orang menimbun bangkainya bertumpuk-tumpuk, dan negeri itu menjadi berbau busuk. Maka mereka memperoleh kelegaan. Tetapi setelah Firaun melihat kelegaan itu, ia berubah pikiran. Ia telah berjanji akan membebaskan orang Israel jika katak-katak itu dilenyapkan, tetapi ia mengubah pikirannya.

> *Tetapi ketika Firaun melihat, bahwa telah terasa kelegaan, ia tetap berkeras hati, dan tidak mau mendengarkan mereka keduanya-seperti yang telah difirmankan TUHAN* (Keluaran 8:15).

'Mengeraskan hatinya' berarti bahwa Firaun bersikap keras

kepala. Bahkan setelah melihat rangkaian pekerjaan Allah, ia tidak mendengarkan Musa. Sebagai akibatnya, tulah lain datang menimpa.

Tulah Nyamuk

Berfirmanlah TUHAN kepada Musa: *"Katakanlah kepada Harun: Ulurkanlah tongkatmu dan pukulkanlah itu ke debu tanah, maka debu itu akan menjadi nyamuk di seluruh tanah Mesir"* (Keluaran 8:16).

Ketika Musa dan Harun melakukan apa yang diperintahkan kepada mereka, maka debu tanah menjadi nyamuk di seluruh tanah Mesir.

Para ahli-ahli itu mencoba dengan teknik rahasia mereka untuk membuat nyamuk juga, tetapi mereka tidak dapat. Mereka akhirnya menyadari bahwa hal itu tidak dapat dilakukan oleh kuasa manusia dan mengaku kepada raja.

Inilah tangan Allah (Keluaran 8:19).

Sampai sekarang, ahli-ahli itu dapat melakukan hal yang mirip seperti mengubah tongkat menjadi ular, mengubah air menjadi darah, dan membawa katak-katak. Tetapi mereka tidak dapat lagi melakukan hal seperti itu.

Akhirnya mereka juga harus mengakui kuasa Allah yang dimanifestasikan melalui Musa. Tetapi Firaun masih mengeraskan hatinya dan tidak mendengarkan Musa.

Makna Rohani dari Tulah Nyamuk

Dalam bahasa Ibrani, 'Kinim' dapat diterjemahkan ke dalam berbagai kata seperti 'kutu', atau 'nyamuk'. Serangga yang demikian umumnya adalah serangga-serangga kecil yang hidup di tempat kotor. Mereka menempel ke tubuh manusia atau hewan dan menghisap darah. Hewan-hewan itu biasanya ditemukan di rambut, pakaian, atau bulu binatang. Ada lebih dari 3.300 jenis nyamuk yang berbeda.

Saat mereka menghisap darah dari tubuh manusia, rasanya akan sangat gatal. Juga akan terjadi infeksi sekunder seperti demam atau penyakit typhus.

Di masa kini, di kota-kota yang bersih, kita tidak dapat dengan mudah menemukan nyamuk, tetapi ada banyak seranga seperti itu yang hidup di tubuh manusia karena kurangnya kebersihan.

Lalu, apakah tulah nyamuk itu secara spesifik?

Debu tanah berubah menjadi nyamuk. Debu adalah benda yang sangat kecil yang dapat tertiup oleh nafas kita. Ukurannya bervariasi mulai dari 3-4µm (mikrometer) sampai 0,5 mm.

Sama seperti hal yang sangat kecil seperti debu yang menjadi nyamuk untuk menghisap darah dan menyebabkan kesulitan serta penderitaan, tulah nyamuk melambangkan kejadian dimana hal-hal kecil yang ada di bawah permukaan dan sepertinya tidak berarti, namun tiba-tiba naik dan tumbuh menjadi masalah besar yang membuat kita menderita dan sengsara.

Biasanya gatal-gatal adalah rasa sakit yan lebih ringan daripada penyakit lainnya, tetapi hal itu sangat mengganggu. Juga, sama seperti nyamuk hidup di tempat-tempat kotor, tulah nyamuk akan datang ke tempat di mana ada kejahatan.

Misalnya, pertengkaran kecil antara saudara atau suami dan istri dapat berkembang menjadi pertengkaran hebat. Saat mereka membicarakan tentang hal-hal kecil yang telah terjadi di masa lalu, hal itu juga dapat berkembang menjadi pertengkaran besar. Ini juga merupakan tulah nyamuk.

Ketika bentuk kejahatan seperti iri hati dan cemburu di dalam hati menjadi kebencian, saat yang seorang gagal menahan amarahnya dan menjadi marah kepada yang lain, saat sebuah kebohongan kecil berkembang menjadi kebohongan besar dalam usaha untuk menyembunyikannya, semua ini adalah contoh dari tulah nyamuk.

Jika ada bentuk laten dari kejahatan di dalam hatinya, maka orang itu akan merasa menderita di dalam hati. Ia mungkin akan merasa bahwa kehidupan Kristen itu sulit. Penyakit-penyakit kecil juga dapat menimpanya. Hal-hal ini juga merupakan tulah nyamuk. Jika kita tiba-tiba mengalami demam atau flu, atau jika kita mengalami pertengkaran atau masalah kecil, kita harus memeriksa diri kita dan bertobat.

Sekarang, apa artinya dari nyamuk yang hinggap pada hewan? Hewan adalah makhluk hidup, dan pada saat itu jumlah hewan dan juga luas tanah adalah ukuran untuk melihat seberapa kayanya seseorang. Sang raja, menteri-menteri, dan rakyatnya memiliki kebun anggur dan memelihara ternak.

Di masa kini, apakah yang menjadi harta kita? Bukan hanya rumah-rumah, tanah, usaha atau tempat kerja kita, tetapi juga anggota keluarga kita masuk ke dalam kategori 'harta kepunyaan' kita. Dan karena hewan adalah makhluk hidup, itu merujuk kepada anggota keluarga yang hidup bersama.

'Nyamuk hinggap pada manusia dan hewan' artinya adalah bahwa saat masalah kecil menjadi besar, bukan hanya diri kita tetapi juga anggota keluarga kita akan menderita.

Contoh-contohnya adalah peristiwa dimana anak-anak menderita karena perbuatan salah orangtua mereka, atau suami menderita karena kesalahan istrinya.

Di Korea, ada banyak anak yang menderita atopik dermatitis. Penyakit itu dimulai dengan sedikit gatal, dan kemudian menyebar ke seluruh tubuh dan menyebabkan keluarnya nanah di kulit dan barah.

Dalam kasus yang parah, ada anak-anak yang kulitnya retak dari kepala hingga kaki dan mengeluarkan nanah. Kulit mereka yang terluka diliputi oleh nanah dan darah.

Orangtua yang melihat anak-anaknya dalam keadaan seperti

ini menjadi sangat sedih karena mereka tidak dapat berbuat apa-apa bagi anak-anaknya. Saat orangtua menjadi marah, anak-anak mereka juga terkadang terkena demam tiba-tiba. Dalam banyak kasus, sakitnya anak-anak kecil disebabkan oleh perbuatan salah orangtua mereka. Dalam keadaan ini, jika orangtuanya memeriksa hidup mereka dan bertobat karena tidak memenuhi kewajiban mereka dengan baik, tidak berdamai dengan orang lain, dan apa pun yang tidak benar dalam pandangan Allah, maka anak-anak itu akan segera sembuh.

Kita dapat melihat bahwa adalah kasih Allah yang mengizinkan semua ini terjadi. Tulah nyamuk terjadi atas kita saat kita memiliki kejahatan. Demikianlah, kita tidak boleh menganggap bahkan hal-hal kecil yang terjadi sebagai suatu kebetulan, tetapi temukanlah kejahatan di dalam kita, dan segera bertobat serta berbalik darinya.

Bab 4

Tulah Lalat Pikat, Penyakit Sampar, dan Barah

Keluaran 8:21-9:11

"TUHAN berbuat demikian; maka datanglah banyak lalat pikat ke dalam istana Firaun dan ke dalam rumah pegawai-pegawainya dan ke seluruh tanah Mesir; negeri itu menderita karena pikat it" (8:24).

"Maka ternakmu, yang ada di padang, kuda, keledai, unta, lembu sapi dan kambing domba, akan kena tulah TUHAN, yakni kena penyakit sampar yang dahsyat. Dan TUHAN melakukan hal itu keesokan harinya; segala ternak orang Mesir itu mati, tetapi dari ternak orang Israel tidak ada seekorpun yang mati" (9:3, 6).

"Lalu mereka mengambil jelaga dari dapur peleburan, dan berdiri di depan Firaun, kemudian Musa menghamburkannya ke udara, maka terjadilah barah, yang memecah sebagai gelembung pada manusia dan binatang. Sehingga ahli-ahli itu tidak dapat tetap berdiri di depan Musa, karena barah-barah itu; sebab ahli-ahli itupun juga kena barah sama seperti semua orang Mesir" (9:10-11).

Para ahli-ahli Mesir mengakui kuasa Allah setelah melihat tulah nyamuk. Tetapi Firaun masih mengeraskan hatinya dan tidak mendengarkan Musa. Kuasa Allah yang telah dimanifestasikan sampai saat itu seharusnya sudah cukup baginya untuk percaya kepada Allah. Tetapi ia hanya mengandalkan kekuatan dan kekuasaannya serta menganggap dirinya sebagai dewa, dan ia tidak takut akan Allah.

Tulah itu terus berlanjut, tetapi ia tidak bertobat melainkan semakin mengeraskan hatinya. Demikianlah, tulah itu juga menjadi semakin besar. Sampai saat mereka menghadapi tulah nyamuk, mereka dapat pulih segera hanya jika mereka berbalik. Tetapi pada titik ini sudah menjadi semakin sulit bagi mereka untuk pulih.

Tulah Lalat Pikat

Musa pergi ke hadapan Firaun di pagi hari sesuai dengan firman Allah. Ia pergi sekali lagi menyampaikan pesan Allah untuk membiarkan orang Israel pergi.

Berfirmanlah TUHAN kepada Musa: "Bangunlah pagi-pagi dan berdirilah menantikan Firaun, pada waktu biasanya ia keluar ke sungai, dan katakanlah kepadanya: Beginilah firman TUHAN: Biarkanlah umat-Ku pergi, supaya mereka beribadah kepada-Ku" (Keluaran 8:20).

Tetapi Firaun tidak mendengarkan Musa. Ini mengakibatkan tulah lalat pikat datang atas mereka, bukan hanya di istana Firaun dan rumah-rumah para menteri, tetapi juga di seluruh tanah Mesir. Negeri itu penuh dengan lalat pikat.

Lalat adalah binatang yang berbahaya. Mereka menularkan penyakit-penyakit seperti thypus, kolera, tuberkolosis, dan lepra. Lalat rumah biasa dapat berkembang biak di mana saja, bahkan di kotoran manusia dan sampah. Mereka memakan apa saja baik sampah atau makanan. Pencernaan mereka cepat dan mereka membuang kotoran setiap lima menit sekali.

Berbagai macam organisme patogen bisa tertinggal dalam makanan atau peralatan makan manusia dan bisa masuk ke dalam tubuh. Mulut dan kaki mereka diliputi oleh cairan yang juga membawa organisme patogen. Itu salah satu penyebab terbesar dari penyakit menular.

Pada masa kini, kita memiliki banyak tindakan pencegahan dan penyembuhan, dan tidak banyak penyakit yang disebarkan oleh lalat. Tetapi pada zaman dahulu, jika ada penyakit menular yang terjadi, maka banyak orang yang akan kehilangan nyawanya. Juga, terlepas dari penyakit menular, jika lalat hinggap di makanan yang kita makan, akan menjadi sulit memakannya karena makanan itu tidak bersih.

Saat itu bukan hanya ada satu atau dua lalat, melainkan tidak terhitung jumlahnya menutupi seluruh negeri Mesir. Pastilah sangat menyakitkan keadaan tersebut bagi orang-orang Mesir! Mereka pasti menjadi ketakutan hanya dengan melihat keadaan di sekitar mereka. Seluruh negeri Mesir dicekam oleh serbuan lalat yang mengerikan. Ini berarti bahwa pemberontakannya bukan datang dari Firaun melainkan juga seluruh bangsa Mesir yang membentang di seluruh tanah Mesir.

Tetapi untuk membuat pembedaan yang jelas antara orang Israel dan orang Mesir, tidak ada lalat yang dikirim ke tanah Gosyen di mana orang Israel tinggal.

"Pergilah, persembahkanlah korban kepada Allahmu di negeri ini" (Keluaran 8:25).

Sebelum Allah memberikan tulah yang pertama, Ia memerintahkan mereka untuk memberikan persembahan kepada-Nya di padang belantara, tetapi Firaun menyuruh mereka untuk memberikan korban kepada Allah di tanah Mesir. Kemudian, Musa menolak usulan itu dan memberi tahu Firaun alasannya.

"Tetapi Musa berkata: Tidak mungkin kami berbuat demikian, sebab korban yang akan kami persembahkan kepada TUHAN, Allah kami, adalah kekejian bagi orang Mesir. Apabila kami mempersembahkan korban yang menjadi kekejian bagi orang Mesir itu, di depan mata mereka, tidakkah mereka akan melempari kami dengan batu?"

(Keluaran 8:26).

Musa melanjutkan berkata bahwa mereka akan pergi ke padang belantara selama tiga hari dan hanya mengikuti perintah Allah. Firaun menjawab dan menyuruhnya agar tidak pergi terlalu jauh dan juga berdoa baginya.

Musa mengatakan kepada Firaun bahwa lalat pikat akan menghilang keesokan harinya, dan memintanya untuk memegang kata-katanya untuk membiarkan orang Israel pergi.

Tetapi setelah lalat pergi oleh doa Musa, Firaun berubah pikiran dan tidak membiarkan orang Israel pergi. Melalui ini kita dapat melihat betapa licik dan penipu dirinya. Kita juga melihat penyebab mengapa ia terus-menerus ditimpa tulah.

Makna Rohani dari Tulah Lalat Pikat

Sama seperti lalat datang dari tempat-tempat kotor dan menyebarkan penyakit menular, jika hati manusia itu jahat dan kotor, maka ia akan mengucapkan perkataan jahat, dan menyebabkan berbagai penyakit atau masalah yang akan menimpanya. Ini adalah tulah lalat pikat.

Bila tulah jenis ini datang, maka bukan hanya menimpa diri sendiri tetapi juga atas istri/suaminya dan tempat kerjanya.

Matius 15:18-19 berkata, *"Tetapi apa yang keluar dari mulut berasal dari hati dan itulah yang menajiskan orang. Karena dari hati timbul segala pikiran jahat, pembunuhan, perzinahan, percabulan, pencurian, sumpah palsu dan hujat."* Apa pun yang ada di dalam hati manusia keluar lewat bibirnya. Dari hati yang baik akan keluar perkataan yang baik, tetapi dari hati yang kotor maka akan keluar perkataan yang kotor juga. Jika kita memiliki kejahatan dan kelicikan, kebencian serta kemarahan, maka perkataan dan perbuatan yang seperti itulah yan akan keluar.

Memfitnah, menghakimi, menghukum, dan mengutuk semuanya datang dari hati yang jahat dan kotor. Karena itulah Matius 15:11 berkata, *"Bukan yang masuk ke dalam mulut yang menajiskan orang, melainkan yang keluar dari mulut, itulah yang menajiskan orang."*

Bahkan orang tidak percaya mengucapkan peribahasa seperti, "Perkataan jatuh seperti benih," atau "Sekali kau menumpahkan air, kau tidak dapat mengambilnya kembali."

Anda tidak dapat begitu saja membatalkan apa yang sudah Anda katakan. Khususnya dalam kehidupan seorang Kristen, pengakuan dengan mulut sangatlah penting. Sesuai dengan perkataan macam apa yang Anda ucapkan, apakah itu perkataan positi atau negatif, hasilnya akan berbeda bagi Anda.

Jika kita mengalami flu biasa atau penyakit menular yang ringan, ini masuk ke dalam kategori tulah nyamuk. Maka kita segera bertobat kita dapat pulih. Tetapi dalam tulah lalat pikat, kita tidak dapat pulih dengan segera bahkan jika kita bertobat. Karena itu disebabkan oleh kejahatan yang lebih besar daripada tulah nyamuk, maka kita harus menghadapi pembalasannya.

Karenanya, jika kita menghadapi tulah lalat pikat, kita harus memeriksa diri kita dan bertobat sepenuhnya dari perkataan jahat dan hal-hal yang seperti itu. Barulah setelah kita bertobat maka masalah itu akan diselesaikan.

Di dalam Alkitab kita dapat menemukan orang-orang yang menerima pembalasan atas perkataan jahat mereka. Itulah yang terjadi kepada Mikhal, anak perempuan Raja Saul dan istri Raja Daud. Dalam 2 Samuel pasal 6, ketika Tabut TUHAN Allah dibawa kembali ke kota Daud, Daud sangat gembira dan menari di hadapan semua orang.

Tabut TUHAN adalah lambang dari kehadiran Allah. Tabut itu dirampas oleh orang Filistin selama masa hakim-hakim tetapi kemudian berhasil diambil kembali. Tabut itu tidak dapat tinggal di tabernakel dan sementara tinggal di Kiryat Yearim selama 70 tahun. Setelah Daud naik tahta, ia dapat memindahkan Tabut itu ke tabernakel di Yerusalem. Dia sangat penuh sukacita.

Bukan hanya Daud tetapi juga semua orang Israel bersukacita bersama dan memuji Allah. Tetapi Mikhal, yang seharusnya bersukacita bersama-sama dengan suaminya, justru memandang rendah pada Raja dan menghinanya.

"Betapa raja orang Israel, yang menelanjangi dirinya pada hari ini, di depan mata budak-budak perempuan para hambanya, merasa dirinya terhormat pada hari ini, seperti orang hina dengan

tidak malu-malu menelanjangi dirinya!" (2 Samuel 6:20).

Kemudian, apa yang Daud katakan?

"Di hadapan TUHAN, yang telah memilih aku dengan menyisihkan ayahmu dan segenap keluarganya untuk menunjuk aku menjadi raja atas umat TUHAN, yakni atas Israel, – di hadapan TUHAN aku menari-nari. Bahkan aku akan menghinakan diriku lebih dari pada itu; engkau akan memandang aku rendah, tetapi bersama-sama budak-budak perempuan yang kaukatakan itu, bersama-sama merekalah aku mau dihormati" (2 Samuel 6:21-22).

Karena Mikhal mengucapkan perkataan yang demikian jahat, ia tidak memiliki anak sampai hari kematiannya.

Demikian juga, orang-orang melakukan begitu banyak dosa dengan bibir mereka, tetapi mereka bahkan tidak menyadari bahwa perkataan mereka adalah dosa. Karena kejahatan bibir, pembalasan dosa datang ke tempat kerja, usaha, dan keluarga mereka, tetapi mereka bahkan tidak menyadari penyebabnya. Allah juga memberitahu kita pentingnya perkataan.

"Orang jahat terjerat oleh pelanggaran bibirnya,

tetapi orang benar dapat keluar dari kesukaran. Setiap orang dikenyangkan dengan kebaikan oleh karena buah perkataan, dan orang mendapat balasan dari pada yang dikerjakan tangannya" (Amsal 12:13-14).

"Dari buah mulutnya seseorang akan makan yang baik, tetapi nafsu seorang pengkhianat ialah melakukan kelaliman. Orang baik dikenan TUHAN, tetapi si penipu dihukum-Nya. Orang tidak akan tetap tegak karena kefasikan, tetapi akar orang benar tidak akan goncang" (Amsal 13:2-3).

"Hidup dan mati dikuasai lidah, siapa suka menggemakannya, akan memakan buahnya" (Amsal 18:21).

Kita harus menyadari konsekuensi macam apa yang disebabkan oleh kata-kata jahat dari bibir kita, sehingga kita hanya akan mengucapkan perkataan yang positif, perkataan yang baik dan indah, perkataan kebenaran dan terang, serta pengakuan iman.

Tulah Penyakit Sampar

Bahkan setelah menderita akibat tulah lalat pikat, Firaun

masih mengeraskan hatinya dan menolak membiarkan orang Israel pergi. Maka, Allah membuat terjadinya tulah penyakit sampar. Pada saat ini juga, Allah mengirim Musa sebelum ia melepaskan tulah itu. Ia mengirim Musa untuk menyampaikan kehendak-Nya.

"Sebab jika engkau menolak membiarkan mereka pergi dan masih menahan mereka, maka ternakmu, yang ada di padang, kuda, keledai, unta, lembu sapi dan kambing domba, akan kena tulah TUHAN, yakni kena penyakit sampar yang dahsyat. Dan TUHAN akan membuat perbedaan antara ternak orang Israel dan ternak orang Mesir, sehingga tidak ada yang akan mati seekorpun dari segala ternak orang Israel" (Keluaran 9:2-4).

Untuk membuat mereka menyadari bahwa hal itu bukanlah seuatu kebetulah melainkan tulah yang dibuat oleh kuasa Allah, Ia menetapkan waktu yang spesifik, dengan mengatakan, "Besok TUHAN akan melakukan hal ini di negeri ini." Dengan begini Ia terus memberi mereka kesempatan untuk bertobat.

Jika ia telah mengakui kuasa Allah walau hanya sedikit saja, Firaun pasti akan berubah pikiran dan tidak akan tertimpa tulah lagi.

Tetapi ia tidak mengubah pikirannya. Sebagai akibatnya, penyakit sampar turun atas mereka dan ternak yang ada di ladang – kuda-kuda, keledai, unta, semua kumpulan ternak – mati.

Sebaliknya, tidak ada satu pun ternak orang Israel yang mati. Allah membuat mereka sadar bahwa Allah itu hidup dan memenuhi firman-Nya. Firaun sangat mengetahui hal ini, tetapi ia masih mengeraskan hatinya dan tidak mengubah pemikirannya.

Makna Rohani dari Tulah Penyakit Sampar

Penyakit sampar adalah penyakit apa pun yang menyebar dengan cepat dan membunuh banyak orang atau hewan. Maka, semua hewan ternak di Mesir mati, dan kita dapat membayangkan betapa besar kerugian yang diakibatkannya.

Sebagai contoh, Black Death atau Tulah Bubonic, yang menimpa Eropa di abad keempat belas sebenarnya adalah epidemi yang terjadi pada hewan-hewan seperti tupai dan tikus. Tetapi epidemi itu menyebar kepada manusia melalui kutu dan mengakibatkan begitu banyak kematian. Karena sangat menular dan ilmu pengetahuan kedokteran belum maju, maka saat itu banyak sekali orang yang mati.

Hewan ternak seperti sapi dan kuda-kuda, serta kumpulan kambing dan domba adalah bagian penting dari harta orang-orang itu. Demikianlah, hewan ternak melambangkan harta Firaun, menteri-menterinya dan bangsa itu. Ternak adalah makhluk hidup, dan dalam pengertian sekarang hal itu merujuk kepada anggota keluarga kita, rekan kerja dan teman-teman yang tinggal di dalam rumah kita, tempat kerja, atau usaha.

Penyebab dari penyakit sampar pada hewan-hewan ternak di Mesir adalah kejahatan Firaun. Sebab itu, makna rohani dari tulah penyakit sampar adalah bahwa penyakit akan datang kepda anggota keluarga kita jika kita menumpuk kejahatan dan Allah memalingkan wajah-Nya.

Sebagai contoh, jika orangtua tidak taat kepada Allah, maka anak-anak terkasih mereka dapat terkena penyakit yang sulit untuk disembuhkan. Atau, karena kejahatan sang suami maka istrinya menjadi sakit. Jika tulah seperti ini menimpa kita, bukan hanya kita harus menyelidiki diri kita sendiri tetapi juga seluruh anggota keluarga harus bertobat bersama-sama.

Dari Keluaran 20:4 dan seterusnya, dikatakan bahwa pembalasan atas penyembahan berhala akan berlangsung selama tiga atau empat generasi.

Tentu saja, Allah Pengasih tidak akan menghukum dalam segala kejadian. Jika anak-anak itu baik hatinya, menerima Allah dan hidup dalam iman, maka mereka tidak akan mengalami tulah yang diakibatkan oleh dosa -dosa orangtuanya.

Tetapi jika anak-anak itu mengumpulkan semakin banyak kejahatan demi kejahatan yang sudah mereka warisi dari orangtuanya, maka mereka akan menghadapi konsekuensi dari dosa-dosanya. Dalam banyak peristiwa, anak-anak yang dilahirkan dalam keluarga yang sangat menyembah berhala dilahirkan dengan cacat bawaan atau keterbelakangan mental. Ada orang yang mempunyai jimat ditempelkan ke dinding rumah mereka. Yang lainnya menyembah berhala Buddha. Ada orang-orang yang menaruh nama mereka di kuil-kuil Buddha. Dalam penyembahan berhala seperti ini, bahkan walaupun mereka tidak mengalami tulah, tetapi anak-anak mereka akan bermasalah.

Karena itu, orangtua harus selalu tinggal dalam kebenaran supaya dosa-dosa mereka tidak akan turun kepada anak-anaknya. Jika ada anggota keluarga yang terkena penyakit yang sulit disembuhkan, maka mereka harus memeriksa apakah itu disebabkan oleh dosa-dosa mereka.

Tulah Barah

Firaun melihat kematian hewan ternak Mesir dan mengirim seseorang untuk memeriksa apa yang terjadi di tanah Gosyen tempat orang Israel tinggal. Tidak seperti tempat-tempat lain di Mesir, tidak ada satu pun ternak yang mati di Gosyen.

Bahkan setelah mengalami pekerjaan Allah yang tidak dapat disangkal lagi, Firaun tidak berbalik.

"Lalu Firaun menyuruh orang ke sana dan sesungguhnyalah dari ternak orang Israel tidak ada seekorpun yang mati. Tetapi Firaun tetap berkeras hati dan tidak mau membiarkan bangsa itu pergi"

(Keluaran 9:7).

Akhirnya, Allah menyuruh Musa dan Harun untuk mengambil sendiri jelaga dari dapur segenggam penuh, dan menyuruh Musa menghamburkannya ke udara di depan mata Firaun. Setelah mereka melakukan apa yang disuruh Allah, terjadilah barah yang memecah dengan gelembung pada manusia dan hewan.

Barah adalah bengkak dan luka pada kulit yang terjadi akibat infeksi folikel rambut dan daging yang berdekatan, mempunyai titik pusat, dan membentuk nanah.

Dalam kasus yang serius, seseorang mungkin harus dioperasi. Ada barah yang diameternya lebih dari 10 cm. Barah itu membengkak dan menyebabkan demam tinggi serta kelelahan, dan ada orang yang sama sekali tidak dapat berjalan baik. Rasanya sangat menyakitkan.

Barah ini menimpa manusia dan hewan, dan bahkan para ahli-ahli itu tidak dapat berdiri di hadapan Musa karena barahnya.

Pada peristiwa tulah penyakit sampar, hanya hewan ternak yang mati. Tetapi dalam peristiwa barah, tidak hanya hewan tetapi juga manusia yang menderita.

Makna Rohani dari Tulah Barah

Sampar adalah penyakit dalam, tetapi barah terlihat di bagian luar saat sesuatu yang ada di dalam telah menjadi semakin parah. Misalnya, sel kanker yang kecil tumbuh dan akhirnya menjadi kelihatan di luar. Sama halnya dengan cerebral apoplexy atau kelumpuhan, penyakit paru-paru, dan AIDS.

Penyakit-penyakit ini biasanya ditemukan pada orang-orang yang berwatak keras kepala. Kasusnya mungkin berbeda-beda, tetapi kebanyakan mereka adalah orang-orang yang cepat marah, sombong, tidak mau mengampuni orang lain, dan menganggap diri mereka yang paling baik. Mereka juga memaksakan pendapat mereka saja dan mengabaikan orang lain. Itu juga terjadi karena kurangnya kasih. Tulah terjadi karena hal-hal itu.

Kadang-kadang kita mungkin berpikir, "Dia kelihatannya sangat lembut dan baik, mengapa ia mengalami penyakit seperti itu?" Tetapi walaupun seseorang mungkin kelihatan lembut di bagian luar, ia mungkin tidak sungguh-sungguh seperti itu dalam pandangan Allah.

Jika ia sendiri tidak keras kepala, mungkin karena ada dosa besar yang dilakukan oleh nenek moyangnya (Keluaran 20:5).

Saat tulah datang akibat seorang anggota keluarga, maka masalah itu akan selesai ketika semua anggota keluarga bertobat bersama-sama. Melalui hal ini, jika mereka menjadi keluarga yang damai dan indah, maka itu akan menjadi berkat bagi mereka.

Allah mengendalikan hidup, mati, keberuntungan dan kemalangan manusia dengan keadilannya. Maka, tidak ada tulah atau bencana yang datang tanpa alasan (Ulangan 28).

Bahkan sat anak-anak menderita juga karena dosa-dosa orangtua atau nenek moyangnya, maka penyebab mendasarnya ada pada anak-anak itu sendiri. Walaupun jika orangtuanya menyembah berhala, jika anak-anak itu hidup dalam firman Allah, maka Allah akan melindungi mereka, sehingga tidak ada tulah yang akan menimpa mereka.

Pembalasan dosa penyembahan berhala atau dosa orangtua diturunkan kepada anak-anak adalah karena anak-anak itu sendiri tidak hidup oleh firman Allah. Jika mereka hidup dalam kebenaran, maka Allah yang adil akan melindungi mereka, sehingga tidak akan ada masalah.

Karena Allah adalah kasih, Ia menganggap satu jiwa jauh lebih berharga daripada seluruh dunia. Ia menginginkan agar setiap orang menerima keselamatan, hidup dalam kebenaran, dan berkemenangan dalam hidupnya.

Allah mengizinkan tulah bukan untuk membawa kita ke dalam kehancuran melainkan untuk membuat kita bertobat dari dosa-dosa kita dan berlari darinya menurut kasih-Nya.

Tulah air menjadi darah, katak, dan nyamuk diakibatkan oleh pekerjaan Iblis, dan termasuk lemah. Maka, jika kita bertobat dan berbalik, maka semuanya akan dapat diselesaikan segera.

Tetapi tulah lalat pikat, penyakit sampar, dan barah adalah tulah yang lebih parah, dan secara lansung menyentuh tubuh kita. Demikianlah, dalam kasus-kasus ini, kita harus mengoyakkan hati kita dan bertobat sepenuhnya.

Jika kita mengalami salah satu dari tulah-tulah itu, kita

jangan menyalahkan orang lain. Sebaliknya, kita harus bersikap cukup bijak untuk bercermin pada firman Allah dan bertobat kapan pun kita tidak benar dalam pandangan Allah.

Bab 5

Tulah Hujan Es dan Belalang

Keluaran 9:23-10:20

Lalu Musa mengulurkan tongkatnya ke langit, maka TUHAN mengadakan guruh dan hujan es, dan apipun menyambar ke bumi. Dan TUHAN menurunkan hujan es meliputi tanah Mesir. Dan turunlah hujan es, beserta api yang berkilat-kilat di tengah-tengah hujan es itu, terlalu dahsyat, seperti yang belum pernah terjadi di seluruh negeri orang Mesir, sejak mereka menjadi suatu bangsa (9:23-24).

Lalu Musa mengulurkan tongkatnya ke atas tanah Mesir, dan TUHAN mendatangkan angin timur melintasi negeri itu, sehari-harian dan semalam-malaman, dan setelah hari pagi, angin timur membawa belalang. Datanglah belalang meliputi seluruh tanah Mesir dan hinggap di seluruh daerah Mesir, sangat banyak. Sebelum itu tidak pernah ada belalang yang demikian banyaknya dan sesudah itupun tidak akan terjadi lagi yang demikian (10:13-14).

Para orangtua yang sungguh mengasihi anak-anaknya tidak akan menolak untuk mendisiplinkan atau menghajar mereka. Setiap orangtua pasti ingin membimbing anak-anaknya agar melakukan apa yang benar. Saat anak-anak itu tidak mendengarkan hardikan orangtuanya, kadang-kadang mereka harus menggunakan tongkat supaya anak-anak itu mengingatnya. Tetapi rasa sakit di dalam hati orangtuanya lebih besar daripada sakit fisik yang dialami anak-anak itu.

Allah Pengasih juga kadan-kadang memalingkan wajahnya untuk membiarkan tulah atau masalah menimpa anak-anaknya agar mereka dapat bertobat dan berbalik dari dosa-dosanya.

Tulah Hujan Es

Allah dapat saja mengirimkan tulah yang hebat dari permulaan untuk membuat Firaun tunduk. Tetapi Allah itu panjang sabar; Ia menahannya untuk waktu yang lama. Ia menunjukkan kuasa-Nya, dan membimbing Firaun dan orang-orangnya untuk mengakui Allah, dimulai dengan sebuah tulah ringan.

Bukankah sudah lama Aku dapat mengacungkan tangan-Ku untuk membunuh engkau dan rakyatmu dengan penyakit sampar, sehingga engkau terhapus dari atas bumi. Akan tetapi inilah sebabnya

Aku membiarkan engkau hidup, yakni supaya memperlihatkan kepadamu kekuatan-Ku, dan supaya nama-Ku dimasyhurkan di seluruh bumi. Engkau masih selalu mengalangi umat-Ku, sehingga engkau tidak membiarkan mereka pergi. Sesungguhnya besok kira-kira waktu ini Aku akan menurunkan hujan es yang sangat dahsyat, seperti yang belum pernah terjadi di Mesir sejak Mesir dijadikan sampai sekarang ini (Keluaran 9:15-18).

Tulah demi tulah semakin menjadi besar, tetapi Firaun masih meninggikan dirinya terhadap orang Israel dengan tidak membiarkan mereka pergi. Kemudian, Allah membuat tulah ketujuh, tulah hujan es.

Allah membuat Firaun tahu melalui Musa bahwa akan ada hujan es hebat yang belum pernah dilihat sebelumnya di Mesir sejak hari penciptaannya. Dan Allah memberikan kesempatan agar orang-orang dan hewan di ladang dapat bersembunyi di dalam rumah. Ia memperingatkan mereka sebelumnya bahwa jika ada orang atau hewan yang tinggal di luar, maka mereka akan mati karena hujan es itu.

Ada pegawai-pegawai Firaun yang takut akan firman TUHAN dan menyuruh hamba-hamba dan ternak mereka untuk berlindung di rumah-rumah. Tetapi banyak orang lain yang tetap tidak takut akan firman Allah dan tidak perduli.

"Tetapi siapa yang tidak mengindahkan firman

TUHAN, meninggalkan hamba-hambanya serta ternaknya di padang" (Keluaran 9:21).

Hari berikutnya Musa mengulurkan tongkatnya ke langit, dan Allah mengirimkan guruh dan hujan es. Api turun ke bumi. Pastilah tulah itu telah menghancurkan manusia, hewan, pohon-pohon dan sayuran di ladang. Betapa hebatnya tulah itu!

Tetapi Keluaran 9:31-32 berkata, *"Tanaman rami dan jelai telah tertimpa binasa, sebab jelai itu sedang berbulir dan rami itu sedang berbunga. Tetapi gandum dan sekoi tidak tertimpa binasa, sebab belum lagi musimnya."* Maka kerusakannya hanya sebagian.

Seluruh tanah Mesir mengalami kerusakan besar karena hujan es dan api, tetapi hal seperti itu tidak ada yang terjadi di tanah Gosyen.

Makna Rohani dari Tulah Hujan Es

Biasanya, hujan es terjadi tanpa pemberitahuan sebelumnya. Tidak biasanya juga hujan es turun di area yang luas melainkan hanya di area kecil secara lokal. Demikianlah, tulah hujan es melambangkan hal-hal besar yang terjadi di satu bagian tetapi tidak di semua aspek.

Saat itu turun hujan es berapi yang membunuh manusia dan binatang. Sayur-sayuran di ladang menjadi rusak, dan tidak ada makanan. Ini sama halnya seperti mengalami kerusakan besar pada kekayaan seseorang akibat bencana yang tidak terduga. Seseorang dapat mengalami kerugian besar akibat kebakaran di tempat kerja atau usahanya. Bisa jadi anggota keluarganya mengalami penyakit atau terkena kecelakaan dan menghabiskan banyak harta untuk menanganinya.

Misalnya, anggap saja ada seseorang yang beriman kepada Tuhan, tetapi ia mulai sangat berkonsentrasi pada usahanya sehingga ia melewatkan kebaktian Minggu beberapa kali. Kemudian ia akhirnya tidak memegang Hari Tuhan sama sekali.

Karena ini, Allah tidak dapat melindungi dia, dan ia menghadapi masalah besar pada usahanya. Ia juga dapat mengalami kecelakaan yang tidak terduga atau penyakit, dan itu menghabiskan hartanya. Hal semacam ini sama seperti tulah hujan es.

Kebanyakan orang menganggap harta mereka sama berharganya dengan nyawa mereka. Di dalam 1 Timotius 6:10 dikatakan bahwa cinta akan uang adalah akar dari segala kejahatan. Itu karena nafsu akan uang mengakibatkan terjadinya pembunuhan, perampokan, penculikan, kekerasan, dan banyak kejahatan lainnya. Kadang-kadang, hubungan antara saudara dapat menjadi rusak, dan terjadi pertikaian di antara tetangga karena uang. Alasan utama terjadinya konflik antara negara-negara juga adalah keuntungan materi, karena mereka mencari tanah dan sumber daya.

Bahkan ada orang percaya yang tidak dapat mengatasi godaan uang, sehingga mereka tidak menjaga kekudusan Hari Tuhan, atau mereka tidak memberikan perpuluhan yang pantas. Karena mereka tidak menjalani kehidupan Kristen yang baik, maka mereka menjadi semakin jauh dari keselamatan.

Sama seperti hujan es mengjhancurkan sebagian besar makanan, tulah hujan es melambangkan kerusakan besar pada kekayaan manusia yang dianggap sama berharga seperti nyawa mereka. Tetapi sama seperti hujan es hanya menimpa area yang terbatas, mereka tidak akan kehilangan semua harta mereka.

Melalui fakta ini kita dapat merasakan kasih Allah juga. Jika kita kehilangan seluruh kepunyaan kita, segala yang kita miliki, maka mungkin kita akan menyerah dan bunuh diri. Itulah sebabnya Allah hanya menyentuh satu bagian.

Walaupun hanya sebagian, tetapi tingkat kerusakannya cukup kuat dan besar sehingga kita akhirnya akan menjadi sadar. Hujan es yang turun ke Mesir bukan hanya potongan es kecil-kecil. Esnya besar-besar dan kecepatan jatuhnya juga sangat cepat.

Bahkan di masa kini ada laporan-laporan berita bahwa hujan es sebesar bola golf membuat terkejut dan mengagetkan banyak orang. Hujan es yang turun di Mesir terjadi oleh pekerjaan khusus Allah, dan juga turunnya diikuti api. Sungguh suatu peristiwa yang menakutkan.

Tulah hujan es terjadi atas mereka karena Firaun menumpuk kejahatan demi kejahatan. Jika kita mengeraskan hati dan keras kepala, kita juga dapat mengalami tulah yang serupa.

Tulah Belalang

Pohon-pohon dan sayuran menjadi rusak, dan hewan-hewan serta manusia mati karena hujan es itu. Firaun akhirnya mengakui kesalahannya.

> "Lalu Firaun menyuruh memanggil Musa dan Harun serta berkata kepada mereka: 'Aku telah berdosa sekali ini, TUHAN itu yang benar, tetapi aku dan rakyatkulah yang bersalah'" (Keluaran 9:27).

Firaun bertobat dengan sikap terburu-buru dan meminta Musa untuk menghentikan hujan es itu.

> "Berdoalah kepada TUHAN; guruh yang sangat dahsyat dan hujan es itu sudah cukup. Maka aku akan membiarkan kamu pergi, tidak usah kamu tinggal lebih lama lagi" (Keluaran 9:28).

Musa tahu bahwa Firaun belum mengubah pikirannya, tetapi untuk membuatnya mengerti tentang Allah Yang Hidup dan bahwa seluruh dunia ini ada dalam tangan-Nya, maka Musa mengangkat tangannya ke langit.

Seperti yang sudah diduga Musa, segera setelah hujan, guruh, dan hujan es berhenti, Firaun mengubah pikirannya. Karena ia tidak berbalik dari dasar hatinya, maka ia mengeraskan hatinya kembali dan tidak membiarkan bangsa Israel pergi.

Pegawai-pegawai Firaun juga mengeraskan hati mereka. Kemudian Musa dan Harun mengatakan kepada mereka bahwa akan ada tulah belalang seperti yang telah difirmankan oleh Allah, dan memperingatkan mereka bahwa tulah itu akan menjadi salah satu tulah terhebat yang belum pernah terjadi sebelumnya di dunia.

"Belalang itu akan menutupi permukaan bumi, sehingga orang tidak dapat melihat tanah" (Keluaran 10:5).

Barulah kemudian para pegawai Firaun menjadi takut dan berkata kepada raja mereka, *"Biarkan saja mereka pergi, supaya mereka menyembah TUHAN Allah mereka. Tidakkah tuanku sadar bahwa Mesir pasti akan hancur?"* (Keluaran 10:7).

Setelah mendengar perkataan para pegawainya, maka Firaun memanggil Musa dan Harun kembali. Tetapi Musa mengatakan bahwa mereka akan pergi dengan anak-anak dan orang tua; dengan anak-anak mereka laki-laki dan perempuan, dengan ternak kambing domba dan lembu sapi mereka, karena mereka harus mengadakan perayaan bagi TUHAN. Firaun berkata bahwa Musa dan Harun bermaksud jahat dan ia mengusir mereka keluar.

Akhirnya, Allah membuat tulah kedelapan, tulah belalang.

Berfirmanlah TUHAN kepada Musa: "Ulurkanlah

tanganmu ke atas tanah Mesir mendatangkan belalang dan belalang akan datang meliputi tanah Mesir dan memakan habis segala tumbuh-tumbuhan di tanah, semuanya yang ditinggalkan oleh hujan es itu" (Keluaran 10:12).

Saat Musa melakukan apa yang diperintahkan Allah, Allah memerintahkan angin timur bertiup ke negeri itu sehari-harian dan semalam-malaman; dan setelah pagi hari angin timur membawa belalang.

Belalangnya sangat banyak sehingga tanah menjadi gelap. Mereka memakan semua tumbuh-tumbuhan di Mesir yang ditinggalkan oleh hujan es itu, sehingga tidak ada tinggal lagi tanaman yang hijau di seluruh Mesir.

Aku telah berbuat dosa terhadap TUHAN, Allahmu, dan terhadap kamu. "Oleh sebab itu, ampunilah kiranya dosaku untuk sekali ini saja dan berdoalah kepada TUHAN, Allahmu itu, supaya bahaya maut ini dijauhkan-Nya dari padaku" (Keluaran 10:16-17).

Saat apa yang dikuatirkannya menjadi kenyataan, Firaun segera memanggil Musa dan Harun untuk meminta agar tulah itu dihentikan.

Ketika Musa keluar dan berdoa kepada Allah, ada angin barat yang kuat bertiup dan melemparkan semua belalang itu ke Laut Teberau (Laut Merah). Dan tidak ada lagi belalang di seluruh tanah Mesir. Tetapi bahkan saat ini, Firaun mengeraskan hatinya dan tidak membebaskan orang Israel.

Makna Rohani dari Tulah Belalang

Satu belalang hanya merupakan seekor serangga kecil, tetapi jika berkumpul dalam kelompok besar, kekuatannya dapat menghancurkan. Untuk sesaat, Mesir hampir dihancurkan oleh belalang.

"Datanglah belalang meliputi seluruh tanah Mesir dan hinggap di seluruh daerah Mesir, sangat banyak. Sebelum itu tidak pernah ada belalang yang demikian banyaknya dan sesudah itupun tidak akan terjadi lagi yang demikian. Belalang menutupi seluruh permukaan bumi, sehingga negeri itu menjadi gelap olehnya; belalang memakan habis segala tumbuh-tumbuhan di tanah dan segala buah-buahan pada pohon-pohon yang ditinggalkan oleh hujan es itu. Sehingga tidak ada tinggal lagi yang hijau pada pohon atau tumbuh-tumbuhan di padang di seluruh tanah Mesir" (Keluaran 10:14-15).

Bahkan sekarang, kita dapat menemukan yang semacam ini berkerumun di Afrika atau India. Belalang-belalang menyebar hingga 40 km luasnya dan 8 km kedalamannya. Ratusan juta belalang datang seperti awan dan memakan tidak hanya hasil panen, tapi juga semua tumbuhan dan dedaunan; mereka tidak meninggalkan tanaman hijau sama sekali.

Setelah tulah hujan es, masih ada beberapa hal yang tersisa. Gandum dan sekoi tidak ikut tertimpa binasa, sebab belum lagi musimnya. Dan juga beberapa pegawai Firaun yang takut akan firman Allah membuat hamba-hamba dan ternak mereka menyelamatkan diri ke dalam rumah, dan mereka tidak dihancurkan.

Belalang mungkin kelihatan sepele, tetapi kerusakannya jauh lebih hebat daripada hujan es. Mereka memakan bahkan semua yang masih tersisa.

Karena itu, tulah belalang merujuk kepada jenis bencana yang tidak menyisakan apapun, mengambil semua harta dan kekayaan seseorang. Tulah itu menghancurkan tidak hanya keluarga tetapi juga tempat kerja dan usaha.

Tidak seperti tulah hujan es yang menyebabkan kerusakan sebagian pada kita, tulah belalang menghancurkan semuanya dan mengambil semua kekayaan. Dengan kata lain, kekayaan seseorang akan hancur secara keseluruhan.

Misalnya, misalnya karena bangkrut, seseorang kehilangan semua hartanya dan dia harus terpisah dari keluarganya. Ada juga yang mungkin menderita penyakit berkepanjangan dan kehilangan semua hartanya. Ada juga ada mungkin yang jadi memiliki banyak hutang karena anak-anaknya tidak baik.

Saat mereka menghadapi bencana terus menerus, ada orang

yang berpikir bahwa semua itu hanya kebetulan, tetapi tidak ada yang namanya kebetulan dalam pandangan Allah. Saat sesorang menghadapi masalah atau penyakit, pasti ada alasan di baliknya. Apa artinya jika orang percaya menghadapi bencana-bencana seperti itu? Saat mereka mendengar firman Allah dan mengetahui kehendak Allah, maka mereka harus memgang firman itu. Tetapi jika mereka berbuat jahat sama seperti orang yang tidak percaya, mereka tidak dapat menghindari tulah-tulah ini.

Jika mereka tidak menjadi sadar setelah Allah menunjukkan beberapa tanda beberapa kali, maka Allah akan memaling wajah-Nya dari mereka. Kemudian, mungkin saja akan timbul penyakit yang berkembang menjadi wabah, atau barah menjadi pecah. Kemudian, mereka akan melihat tulah-tulah seperti tulah hujan es atau belalang.

Tetapi orang-orang yang berhikmat akan mengerti bahwa itu adalah tindakan kasih Allah yang membuat mereka menjadi sadar akan kesalahan mereka saat mereka melihat bencana-bencana yang kecil. Mereka akan dengan cepat bertobat dan terhindar dari tulah yang lebih besar.

Ada sebuah kisah nyata. Ada orang yang menderita dari sebuah kesulitan yang besar karena ia pernah membuat Allah menjadi marah. Suatu hari, karena kebakaran, ia jadi memiliki hutang yang besar. Istrinya tidak dapat menahan tekanan dari para kreditur dan mencoba bunuh diri. Namun, tepat pada waktunya mereka mengenal Allah dan mulai datang beribadah ke gereja.

Setelah mereka konseling dengan saya, mereka taat pada firman Allah dengan berdoa. Mereka memperkenan Allah dengan bekerja di gereja secara sukarela. Lalu, satu persatu masalah-masalah mereka terselesaikan, dan mereka perlu lagi menderita dari para kreditur. Kemudian mereka dapat membayar semua hutang mereka. Mereka bahkan dapat membangun sebuah tempat usaha dan membeli rumah.

Sesudah semua masalah mereka terselesaikan dan mereka menerima berkat-berkat, mereka mengubah hati mereka. Mereka membuang kasih karunia Allah dan kembali menjadi orang yang tidak percaya.

Satu hari, bagian dari bangunan yang dimiliki oleh suaminya runtuh karena terkena banjir. Kembali terjadi kebakaran lagi, dan ia kehilangan semua kekayaannya. Karena kembali memiliki banyak hutang, mereka akhirnya harus kembali ke kampung halaman mereka di pedesaan. Tetapi ia juga menderita diabetes dan komplikasi yang menyertainya.

Seperti dalam kasus ini, jika kita ditinggalkan tanpa apapun setelah mencoba segala cara dengan pengetahuan dan hikmat kita, maka kita harus datang ke hadapan Allah dengan rendah hati. Setelah kita bercermin pada firman Allah, bertobat dari dosa-dosa kita, dan berbalik, maka hal-hal yang sebelumnya akan dipulihkan.

Jika kita memiliki iman untuk datang ke hadapan Allah dan

menyerahkan semua ke dalam tangan Allah, maka Allah yang penuh kasih, yang tidak mematahkan buluh yang terkulai, akan mengampuni kita dan memulihkan kita. Jika kita berbalik dan hidup dalam terang, maka Allah akan membimbing kita pada kemakmuran sekali lagi dan memberi kita berkat yang lebih besar.

Bab 6

Tulah Gelap Gulita dan Kematian Anak Sulung

Keluaran 10:22-12:36

Lalu Musa mengulurkan tangannya ke langit dan datanglah gelap gulita di seluruh tanah Mesir selama tiga hari. Tidak ada orang yang dapat melihat temannya, juga tidak ada orang yang dapat bangun dari tempatnya selama tiga hari; tetapi pada semua orang Israel ada terang di tempat kediamannya (10:22-23).

Maka pada tengah malam TUHAN membunuh tiap-tiap anak sulung di tanah Mesir, dari anak sulung Firaun yang duduk di takhtanya sampai kepada anak sulung orang tawanan, yang ada dalam liang tutupan, beserta segala anak sulung hewan. Lalu bangunlah Firaun pada malam itu, bersama semua pegawainya dan semua orang Mesir; dan kedengaranlah seruan yang hebat di Mesir, sebab tidak ada rumah yang tidak kematian (12:29-30).

Di dalam Alkitab kita dapat menemukan bahwa banyak orang yang bertobat di hadapan Allah ketika mereka menghadapi kesulitan dan menerima pertolongan-Nya.

Allah mengirimkan nabi-Nya kepada Raja Hizkia dari Kerajaan Yehuda dan berkata, "Engkau akan mati dan tidak hidup." Tetapi sang raja berdoa dengan sungguh-sungguh dengan airmata, dan hidupnya kemudian diperpanjang.

Niniwe adalah ibukota Asyur, yang merupakan musah bangsa Israel. Ketika orang-orangnya mendengar firman Allah melalui nabi-Nya, mereka sepenuhnya bertobat dari dosa-dosa mereka dan tidak dimusnahkan.

Demikian juga, Allah memberikan belas kasihan kepada mereka yang berbalik kembali. Ia mencari orang-orang yang mengharap kasih karunia-Nya dan memberikan lebih banyak kasih karunia kepada mereka.

Firaun menderita berbagai macam tulah karena kejahatannya, tetapi ia tidak berbalik kembali hingga akhir. Semakin ia mengeraskan hatinya, semakin besar tulah-tulah yang datang.

Tulah Gelap Gulita

Beberapa orang berkata bahwa mereka tidak akan pernah hidup apabila mereka kalah. Mereka percaya pada kekuatan mereka sendiri. Firaun adalah orang yang seperti ini. Ia menganggap dirinya sebagai dan itulah sebabnya ia tidak mau mengenal Allah.

Meskipun telah melihat seluruh tanah Mesir hancur, ia tidak

membiarkan orang-orang Israel keluar. Ia membuat seakan-akan ia sedang bertanding dengan Allah. Lalu, Allah membuat tulah gelap gulita.

> *"Lalu Musa mengulurkan tangannya ke langit dan datanglah gelap gulita di seluruh tanah Mesir selama tiga hari. Tidak ada orang yang dapat melihat temannya, juga tidak ada orang yang dapat bangun dari tempatnya selama tiga hari; tetapi pada semua orang Israel ada terang di tempat kediamannya"* (Keluaran 10:22-23).

Kegelapan sangat tebal sehingga mereka tidak dapat melihat satu sama lain. Tidak ada orang yang dapat bangun dan bergerak dari tempatnya selama tiga hari. Bagaimana kita dapat mengungkapkan rasa takut dan tidak nyaman yang amat sangat yang mereka alami selama tiga hari?

Gelap gulita menutupi seluruh tanah Mesir dan orang-orang harus berjalan dalam kegelapan, tetapi di tanah Gosyen orang-orang Israel memiliki terang di tempat kediamannya.

Firaun memanggil Musa dan berkata bahwa ia akan melepaskan orang-orang Israel. Tetapi, ia berkata pada Musa untuk meninggalkan kumpulan ternak kambing domba dan lembu sapi, dan hanya memperbolehkan membawa anak-anak lelaki dan perempuan. Sebenarnya, itu adalah tujuan dia untuk menahan orang-orang Israel.

Tetapi Musa berkata bahwa mereka harus mempunyai hewan-heawan sebagai persembahan bagi Allah, dan mereka tidak dapat meninggalkan apa pun karena mereka tidak akan tahu yang mana yang akan mereka korbankan bagi Allah.

Lagi-lagi Firaun menjadi marah dan bahkan mengancam Musa dengan berkata, "Jangan lihat mukaku lagi, sebab pada waktu engkau melihat mukaku, engkau akan mati!"

Kemudian Musa berkata: "Tepat seperti ucapanmu itu! Aku takkan melihat mukamu lagi!" dan ia pun pergi.

Arti Rohani dari Tulah Gelap Gulita

Makna rohani dari tulah gelap gulita adalah kegelapan rohani, dan hal itu merujuk pada tulah sebelum kematian.

Ini merupakan suatu peristiwa dimana sebuah penyakit menjadi semakin serius sehingga tidak dapat disembuhkan. Ini merupakan jenis tulah yang datang kepada orang-orang yang tidak bertobat setelah kehilangan semua kekayaan yang dianggap sama seperti nyawanya.

Berdiri di ambang kematian adalah seperti berdiri di ujung sebuah tebing dalam kegelapan total dan tidak ada jalan keluar dari kesulitan itu. Secara rohani, karena seseorang meninggalkan Tuhan dan melepaskan imannya secara penuh, maka kasih karunia Allah diambil darinya, dan kehidupan rohaninya menjadi mati. Tetapi, Allah masih memiliki belas kasihan-Nya dalam dia dan tidak mengambil nyawanya.

Pada orang yang tidak percaya, ia mungkin menghadapi situasi seperti ini karena ia belum menerima Allah, meskipun telah menderita berbagai macam bencana. Bagi orang percaya, keadaan itu terjadi karena mereka tidak memegang firman Tuhan, tetapi menumpuk kejahatan demi kejahatan.

Kita sering menemukan ada orang yang menghabiskan kekayaannya untuk penyembuhan atas penyakit yang mereka derita tetapi tetap menunggu kematian. Mereka adalah orang-orang yang diserang dengan tulah gelap gulita.

Mereka juga menderita masalah-masalah gangguan emosi seperti depresi, insomnia, dan gelisah. Mereka merasa tak berdaya serta sulit melanjutkan kehidupan sehari-hari mereka.

Jika mmereka menyadari, bertobat, dan berbalik dari kejahatan mereka, Allah mempunyai belas kasihan atas mereka, dan membuang penderitaan dari mereka.

Tetapi Firaun, ia malah mengeraskan hatinya lebih lagi untuk menentang Allah sampai saat terakhir. Sama halnya dengan sekarang. Orang-orang yang keras kepala tidak datang ke hadapan Allah bagaimana pun kesulitan mereka yang mereka hadapi. Ketika mereka atau anggota keluarga mereka terkena suatu penyakit yang serius, kehilangan semua kekayaan mereka, dan sekarang hidup mereka dalam bahaya, mereka tidak ingin bertobat di hadapan Allah.

Jika kita terus menentang Allah bahkan di tengah banyak bencana, akhirnya, tulah kematian akan menimpa.

Tulah Kematian Anak Sulung

Allah membiarkan Musa tahu apa yang akan terjadi dalam Keluaran.

"Aku akan mendatangkan satu tulah lagi atas Firaun dan atas Mesir, sesudah itu ia akan membiarkan kamu pergi dari sini. Apabila ia membiarkan kamu pergi, ia akan benar-benar mengusir kamu dari sini. Baiklah katakan kepada bangsa itu, supaya setiap laki-laki meminta barang-barang emas dan perak kepada tetangganya dan setiap perempuan kepada tetangganya pula" (Keluaran 11:1-2).

Musa berada dalam situasi dimana ia dapat terbunuh jika ia pergi ke hadapan Firaun lagi, tetapi ia datang ke hadapan firaun untuk memberitahukan keinginan Allah.

"Maka tiap-tiap anak sulung di tanah Mesir akan mati, dari anak sulung Firaun yang duduk di takhtanya sampai kepada anak sulung budak perempuan yang menghadapi batu kilangan, juga segala anak sulung hewan. Dan seruan yang hebat akan terjadi di seluruh tanah Mesir, seperti yang belum pernah terjadi dan seperti yang tidak akan ada lagi" (Keluaran 11:5-6).

Lalu seperti yang telah dikatakan, pada malamnya semua anak sulung, tidak hanya anak sulung Firaun dan para pelayannya, tetapi semua orang di Mesir, dan semua hewan-hewan ternak mati.

Ada begitu besar tangisan di Mesir, sebab tidak ada rumah yang anak sulungnya tidak mati. Karena Firaun mengeraskan hatinya sampai akhir dan tidak kembali, tulah kematian bahkan datang kepada mereka.

Makna Rohani dari Tulah Kematian Anak sulung

Tulah kematian anak sulung merujuk pada sebuah situasi dimana dirinya seseorang atau orang yang paling dicintainya, mungkin anaknya, atau seseorang di antara anggota keluarganya, mati, atau terkena kehancuran total dan tidak dapat diselamatkan.

Kita juga dapat menemukan macam-macam hal ini dalam Alkitab. Raja pertama israel, Saul tidak taat pada firman Allah yang memberitahhunya untuk menghacurkan segala sesuatu dari Amalek. Ia juga menunjukkan kesombongannya dan dengan mempersembahkan sendiri korban bagi Allah, yang hanya boleh dilakukan oleh para imam. Akhirnya, ia pun dibuang oleh Allah.

Dalam banyak situasi, bukannya menyadari dosa-dosanya dan bertobat, ia malah mencoba untuk membunuh hambanya yang setia, Daud. Saat orang-orang mengikuti Daud, ia jatuh semakin dalam pada pikiran jahat bahwa Daud akan memberontak melawannya.

Jadi, bahkan saat Daud sedang bermain harpa untuk dirinya, Saul melemparkan tombak untuk membunuh Daud. Ia juga mengirim Daud ke peperangan yang mustahil untuk dia menangkan. Ia bahkan mengirim prajurit-prajuritnya ke rumah Daud untuk membunuhnya.

Sealnjutnya, ia juga membunuh imam-imam Allah hanya karena mereka menolong Daud. Ia menumpuk banyak kejahatan. Akhirnya, ia kalah dalam peperangan dan mengalami kematian yang menyedihkan. Ia membunuh diri dengan tangannya sendiri.

Bagaimana dengan Imam Eli dan anak-anaknya? Eli adalah seorang imam di Israel pada masa hakim-hakim, dan ia memberikan teladan yang baik. Tetapi anak-anaknya Hofni dan Pinehas adalah orang-orang yang tidak mengenal Allah (1 Samuel 2:21).

Karena ayah mereka adalah seorang imam, mereka juga harus melakukan pekerjaan melayani Allah, tetapi mereka merusak persembahan bagi Allah. Mereka menyentuh makanan dari bebagai korban persembahan, sebelum itu diberikan kepada Allah, dan bahkan tidur dengan perempuan-perempuan yang melayani di pintu masuk kemah pertemua.

Jika anak-anaknya pergi ke jalan yang salah, para orangtua haruslah memperingatkan mereka, dan jika mereka tidak mendengarkan, orangtua melakukan cara yang lebih tegas untuk menghentikan anak-anaknya. Itulah kewajiban dan kasih sejati dari orangtua. Tetapi nabi Elia hanya berkata, "Kenapa kalian melakukan hal itu? Jangan."

Anak-anaknya tidak berbalik dari dosa-dosa mereka, dan kutuk pun jatuh atas keluarganya. Kedua anak laki-lakinya kemudian terbunuh dalam peperangan.

Mendengar berita, Eli jatuh dari kursi dan lehernya patah dan lalu meninggal. Juga, menantu perempuannya terguncang saat melahirkan prematur dan akhirnya meninggal.

Hanya dengan melihat hal-hal ini, kita dapat melihat bahwa kutuk atau kematian tragis tidak datang tanpa sebab.

Saat seseorang hidup dalam ketidaktaatan melawan fiman Allah, ia atau beberapa anggota keluarganya meghadapi kematian. Ada orang yang kembali kepada Allah hanya setelah mereka melihat kematian.

Jika mereka tidak kembali bahkan sekalipun telah menghadapi tulah kematian anak sulung, mereka tidak dapat diselamatkan selamanya, dan ini adalah tulah yang paling besar. Oleh karena itu, sebelum tulah-tulah datang, dan jika tulah-tulah itu sudah terlanjur telah datang, Anda harus bertobat dari dosa-dosamu sebelum menjadi terlambat.

Mengenai Firaun, barulah setelah ia menderita kesepuluh tulah maka ia mengakui Allah dengan rasa takut dan membiarkan orang Israel pergi.

Tulah Gelap Gulita dan Kematian Anak Sulung · 99

Lalu pada malam itu dipanggilnyalah Musa dan Harun, katanya: "Bangunlah, keluarlah dari tengah-tengah bangsaku, baik kamu maupun orang Israel; pergilah, beribadahlah kepada TUHAN, seperti katamu itu. Bawalah juga kambing dombamu dan lembu sapimu, seperti katamu itu, tetapi pergilah! Dan pohonkanlah juga berkat bagiku" (Keluaran 12:31-32).

Melalui sepuluh Tulah, Firaun dengan jelas memperlihatkan kekerasan hatinya, dan perlawanan untuk membebaskan orang-orang Israel. Tetapi ia segera menyesalinya. Ia kembali berubah pikiran. Ia membawa seluruh pasukan dan kereta kuda dari Mesir lalu mengejar bangsa Israel.

"Kemudian ia memasang keretanya dan membawa rakyatnya serta. Ia membawa enam ratus kereta yang terpilih, ya, segala kereta Mesir, masing-masing lengkap dengan perwiranya. Demikianlah TUHAN mengeraskan hati Firaun, raja Mesir itu, sehingga ia mengejar orang Israel. Tetapi orang Israel berjalan terus dipimpin oleh tangan yang dinaikkan" (Keluaran 14:6-8).

Sudah cukup baik ia menyerah kepada Allah setelah mengalami kematian anak-anak sulung, tetapi ia segera menyesali keputusannya membebaskan orang Israel. Ia mambawa pasukannya utnuk mengejar mereka. Dengan melihat ini kita dapat melihat betapa hati manusia dapat menjadi demikian keras dan jahat. Akhirnya, Allah tidak mengampuni Firaun dan tidak mempunyai pilihan selain membiarkan mereka mati di Laut Merah.

> *"Berfirmanlah TUHAN kepada Musa: 'Ulurkanlah tanganmu ke atas laut, supaya air berbalik meliputi orang Mesir, meliputi kereta mereka dan orang mereka yang berkuda.' Musa mengulurkan tangannya ke atas laut, maka menjelang pagi berbaliklah air laut ke tempatnya, sedang orang Mesir lari menuju air itu; demikianlah TUHAN mencampakkan orang Mesir ke tengah-tengah laut. Berbaliklah segala air itu, lalu menutupi kereta dan orang berkuda dari seluruh pasukan Firaun, yang telah menyusul orang Israel itu ke laut; seorangpun tidak ada yang tinggal dari mereka"* (Keluaran 14:26-28).

Bahkan di masa kini, orang jahat akan memohon diberi kesempatan apabila mereka mengahadapi situasi sulit. Tetapi ketika mereka sungguh-sungguh diberi kesempatan, mereka kembali pada kejahatan mereka lagi. Saat kejahatan diteruskan, maka mereka akan menghadapi kematian.

Hidup yang Tidak Taat dan Hidup yang Taat

Ada satu hal penting yang harus kita benar-benar pahami; itu adalah ketika kita telah berbuatg salah dan menyadarinya, kita jangan menambah kejajhatan itu dengan kejahatan lain, melainkan aberjalan dalam kebeneran.

1 Petrus 5:8-9 berkata, *"Sadarlah dan berjaga-jagalah! Lawanmu, si Iblis, berjalan keliling sama seperti singa yang mengaum-aum dan mencari orang yang dapat ditelannya. Lawanlah dia dengan iman yang teguh, sebab kamu tahu, bahwa semua saudaramu di seluruh dunia menanggung penderitaan yang sama."*

1 Yohanes berkata, *"Kita tahu, bahwa setiap orang yang lahir dari Allah, tidak berbuat dosa; tetapi Dia yang lahir dari Allah melindunginya, dan si jahat tidak dapat menjamahnya."*

Karenamya, jika kita tidak berbuat dosa dan hidup dalam firman Allah dengan sempurna, maka Allah akan melindungi kita dengan matanya yang menyala-nyala, sehingga kita tidka perlu khawatir tentang apapun.

Di sekitar kita, kita dapat melihat orang-orang mennghadapi berbagai macam bencana, tetapi mereka bahkan tidak mengerti kenapa mereka menghadapi banyak kesulitan. Kita juga dapat melihat ada orang percaya yang menderita banyak kesusahan.

Ada yang menghadapi tulah air menjadi darah atau nyamuk, yang lainnya tulah hujan es atau belalang. Ada juga orang lain yang menghadapi tulah kematian anak sulung, dan lebih jauh lagi mereka menghadapai tulah mati di air.

Karena itu, kita jangan hidup dalam ketidaktaatan seperti Firaun tetapi hidup dalam ketaatan, sehingga kkita tidak akan tertimpa satu pun dari tulah-tulah ini.

Bahkan jika kita berada dalam situasi dimana kita tidak dapat menghindari tertimpa tulah kematian anak sulung atau tulah gelap gulita, kita dapat diampuni apabila kita bertobat dan berbalik dari dosa sekarang juga. Sama seperti pasukan Mesir yang terkubur di Laut Merah, jika kita menunda-nunda dan tidak lagsung berbalik, akan tiba waktunya dimana hal itu sudah menjadi terlambat.

Tentang Hidup yang
Taat

Jika engkau baik-baik mendengarkan suara TUHAN, Allahmu, dan melakukan dengan setia segala perintah-Nya yang kusampaikan kepadamu pada hari ini, maka TUHAN, Allahmu, akan mengangkat engkau di atas segala bangsa di bumi. Segala berkat ini akan datang kepadamu dan menjadi bagianmu, jika engkau mendengarkan suara TUHAN, Allahmu: Diberkatilah engkau di kota dan diberkatilah engkau di ladang. Diberkatilah buah kandunganmu, hasil bumimu dan hasil ternakmu, yakni anak lembu sapimu dan kandungan kambing dombamu. Diberkatilah bakulmu dan tempat adonanmu. Diberkatilah engkau pada waktu masuk dan diberkatilah engkau pada waktu keluar
(Ulangan 28:1-6).

Bab 7

Passover dan Jalan Keselamatan

Keluaran 12:1-28

Berfirmanlah TUHAN kepada Musa dan Harun di tanah Mesir, "Bulan inilah akan menjadi permulaan segala bulan bagimu; itu akan menjadi bulan pertama bagimu tiap-tiap tahun. Katakanlah kepada segenap jemaah Israel: Pada tanggal sepuluh bulan ini diambillah oleh masing-masing seekor anak domba, menurut kaum keluarga, seekor anak domba untuk tiap-tiap rumah tangga" (1-3).

"Kamu harus mengurungnya sampai hari yang keempat belas bulan ini; lalu seluruh jemaah Israel yang berkumpul, harus menyembelihnya pada waktu senja. Kemudian dari darahnya haruslah diambil sedikit dan dibubuhkan pada kedua tiang pintu dan pada ambang atas, pada rumah-rumah di mana orang memakannya. Dagingnya harus dimakan mereka pada malam itu juga; yang dipanggang mereka harus makan dengan roti yang tidak beragi beserta sayur pahit. Janganlah kamu memakannya mentah atau direbus dalam air; hanya dipanggang di api, lengkap dengan kepalanya dan betisnya dan isi perutnya. Janganlah kamu tinggalkan apa-apa dari daging itu sampai pagi; apa yang tinggal sampai pagi kamu bakarlah habis dengan api. Dan beginilah kamu memakannya: pinggangmu berikat, kasut pada kakimu dan tongkat di tanganmu; buru-burulah kamu memakannya; itulah Paskah (Passover) bagi TUHAN" (6-11).

Sampai titik ini kita dapat melihat Firaun dan para pelayannya terus menjalani yang tidak taat terhadap firman Allah.

Sebagai hasilnya, ada tulah-tulah ringan di seluruh tanah Mesir. Selama mereka melanjutkan ketidaktaatan, banyak penyakit yang timbul, kekayaan mereka hilang, dan akhirnya mereka kehilangan nyawa.

Secara kontras, walaupun mereka hidup di negeri yang sama yaitu Mesir, bangsa pilihan Israel tidak menderita satu pun dari tulah-tulah itu.

Saat Allah memukul kehidupan di Mesir dengan tulah terakhir, orang Israel tidak ada yang mati. Itu karena Allah memberi tahu orang Israel akan tentang cara penyelamatan.

Ini tidak hanya berlaku bagi orang Israel ribuan tahun yang lalu, tetapi hal yang sama itu masih berlaku juga bagi kita hari ini.

Cara untuk Menghindar dari Tulah Kematian Anak Sulung

Sebelum munculnya tulah Kematian Anak Sulung di Mesir, Allah memberitahu orang Israel cara untuk terhindar dari tulah itu.

"Katakanlah kepada segenap jemaah Israel: Pada tanggal sepuluh bulan ini diambillah oleh masing-

masing seekor anak domba, menurut kaum keluarga, seekor anak domba untuk tiap-tiap rumah tangga" (Keluaran 12:3).

Sejak dari tulah air menjadi darah sampai tulah gelap gulita, walaupun orang Israel tidak melakukan apa-apa, Allah melindung mereka dengan kuasa-Nya. Tetapi tepat sebelum tulah yang terakhir, Allah menginginkan suatu tindakan ketaatan dari orang Israel.

Yaitu untuk mengambil seekor anak domba dan membubuhkan darahnya pada kedua tiang pintu dan pada ambang atas rumah dan memakan daging anak domba yang dipanggang dalam rumah. Ini adalah tanda untuk membedakan anak-anak Allah ketika Allah akan membunuh semua anak sulung manusia dan hewan-hewan di Mesir.

Karena tulah terakhir telah melewati rumah-rumah yang dibubuhi oleh darah anak domba, orang-orang Yahudi masih merayakan hari ini sebagai hari Passover, hari dimana mereka selamat.

Sekarang, hari raya Passover adalah hari raya terbesar bagi orang Yahudi. Mereka makan aank domba, roti tak beragi, dan sayur pahit untuk merayakan hari itu. Selengkapnya akan dibahas dalam Bab 8.

Mengambil Anak Domba

Allah menyuruh mereka untuk mengambil anak domba karena anak domba secara rohani melambangkan Yesus Kristus. Pada umumnya orang yang percaya kepada Allah disebut sebagai 'domba-domba-Nya'. Banyak orang berpikir bahwa 'anak domba' adalah 'orang yang baru percaya'. Tetapi dalam Alkitab, kita dapat menemukan bahwa 'anak domba' merujuk kepada Yesus Kristus.

Dalam Yohanes 1:29, Yohanes Pembaptis berkata, mengarah kepada Yesus, *"Lihatlah Anak domba Allah, yang menghapus dosa dunia!"* 1 Petrus 1:18-19 berkata, *"Kamu telah ditebus dari cara hidupmu yang sia-sia yang kamu warisi dari nenek moyangmu itu bukan dengan barang yang fana, bukan pula dengan perak atau emas, melainkan dengan darah yang mahal, yaitu darah Kristus yang sama seperti darah anak domba yang tak bernoda dan tak bercacat."*

Karakter dan perbuatan Yesus mengingatkan kita pada anak domba yang lemah lembut. Matius 12:19-20 juga berkata, *"Ia tidak akan berbantah dan tidak akan berteriak dan orang tidak akan mendengar suara-Nya di jalan-jalan. Buluh yang patah terkulai tidak akan diputuskan-Nya, dan sumbu yang pudar nyalanya tidak akan dipadamkan-Nya, sampai Ia menjadikan hukum itu menang."*

Sama seperti domba hanya mendengarkan suara gembalanya dan mengikutinya, Yesus hanya taat dengan 'Ya' dan 'Amin' di hadapan Allah (Wahyu 3:14). Sampai saat Ia mati di kayu salaib, Ia ingin memenuhi kehendak Allah (Lukas 22:42).

Anak domba memberi kita bulu yang lembut, serta susu dan daging yang bergizi tinggi. Demikian juga, Yesus dipersembahkan sebagai korban persembahan untuk mendamaikan kita dengan Allah saat Ia menumpahkan seluruh darah dan air-Nya di kayu salib.

Demikianlah, banyak bagian dari Alkitab menyamakan Yesus dengan anak domba. Saat Allah memerintahkan orang Israel dalam tradisi Pasover, Ia juga memeberitahu mereka secara terperinci bagaimana mengambil bagian-bagain anak domba.

"Tetapi jika rumah tangga itu terlalu kecil jumlahnya untuk mengambil seekor anak domba, maka ia bersama-sama dengan tetangganya yang terdekat ke rumahnya haruslah mengambil seekor, menurut jumlah jiwa; tentang anak domba itu, kamu buatlah perkiraan menurut keperluan tiap-tiap orang. Anak dombamu itu harus jantan, tidak bercela, berumur setahun; kamu boleh ambil domba atau kambing" (Keluaran 12:4-5).

Jika mereka sangat miskin, atau tidak cukup annggota keluarga untnuk memakan seluruh anak domba, maka mereka bisa mengambil satu anak dari domba atau kambing, dan berbagi dengan keluarga tetangga. Kita dapat merasakan kasih Allah yang lembut begitu melimpah dalam belas kasihan.

Alasan kenapa Allah menyuruh untuk mengambil anak domba jantan tak bercela yang berumue setahun adalah sebab dagingnya paling lezat pada umur itu karena belum kawin. Demikian juga halnya bagi manusia, masa muda adalah masa yang paling indah dan bersih.

Karena Allah itu kudus tanpa cela atau noda, Ia menyuruh mereka mengambil anak domba di usia yang paling bagus, yaitu anak domba berumur setahun.

Bubuhi darah dan Jangan Keluar Sampai Pagi

Allah berkata bahwa mereka harus mengambil anak domba menurut jumlah anggota keluarga mereka. Dalam Keluaran 12:6 kita menemukan bahwa mereka disuruh untuk tidak langsung membunuh anak dombanya, melainkan menyimpannya dulu selama empat hari, baru kemudian dibunuh pada waktu senja. Allah memberi mereka masa waktu untuk menyiapkannya dengan ketulusan hati mereka.

Mengapa Allah menyuruh mereka untuk membunuh anak dombanya pada senja hari?

Penanaman manusia yang dimulai dengan ketidaktaatan Adam, dapat digolongkansecara umum ke dalam tiga bagian. Dari Adam ke Abraham kira-kira adalah 2000 tahun, dan masa waktu ini adalah tahap permulaan dari penanaman manusia. Dibandingkan dengan satu hari, itu adalah saat pagi.

Setelah itu, Allah menunjuk Abraham sebagai bapa orang beriman, dan dari masa Adam sampai Yesus datang ke bumi ini juga kira-kira 2000 tahun. Ini adalah seperti siang hari.

Dari masa Yesus datang ke bumi ini sampai sekarang, juga sekitar 2000 tahun. Ini adalah masa akhir dari penanaman manusia dan waktu senja hari (1 Yohanes 2:18, Yudas 1:18; Ibrani 1:2; 1 Petrus 1:5; 20).

Masa ketika Yesus datang ke dunia ini dan menebus kita dari doasa melalui kematiannya bagi kita di kayu salib masuk ke dalam era terakhir penanaman manusia, dan itu sebabnya mengapa Allah menyuruh mereka untuk membunuh anak domba itu pada senja hari dan bukan siang.

Kemudian mereka harus membubuhkan darah anak domba itu pada tiang dua pintu dan ambang atas rumah (Keluaran 12:7). Darah anak domba secara rohani merujuk kepada darah Yesus Kristus. Allah menyuruh mereka membubuhi pada dua tiang pintu dan dua ambang atas rumah karena kita diselamatkan oleh darah Yesus. Dengan menumpahkan darah dan mati di kayu salib, Yesus menebus kita dari dosa dan menyelamatkan jiwa kita, itulah makna rohani dari perintah tersebut.

Karena darah yang kuduslah yang menebus kita dari dosa, maka mereka tidak boleh membubuhkan darah itu di ambang bawah yang diinjak orang, melainkan hanya di tiang pintu dan ambang atas.

Yesus berkata, *"Akulah pintu; barangsiapa masuk melalui Aku, ia akan selamat dan ia akan masuk dan keluar dan menemukan padang rumput"* (Yohanes 10:9). Seperti yang tertulis, pada malam terjadinya tulah kematian anak sulung, semua rumah yang tidak memiliki tanda darah itu, mengalami kematian, tetapi rumah-rumah yang dibubuhi darah diselamatkan dari kematian.

Tetapi walaupun mereka membubuhkan darah anak domba, jika mereka melangkah keluar dari pintu, mereka tidak akan diselamatkan (Keluaran 12:22). Jika mereka pergi keluar pintu, itu berarti mereka tidak ada hubungannya dengan perjanjian Allah, dan mereka harus menghadapi tulah kematian anak sulung.

Secara rohani, di luar pintu melambangkan kegelapan yang tidak ada hubungannya dengan Allah. Itu adalah dunia ketidakbenaran. Sama juga halnya sekarang, bahkan walaupun kita telah menerima Tuhan, kita tidak dapat disalamatkan jika kita meninggalkan Dia.

Panggang Anak Dombanya dan Dimakan Utuh

Ada kematian di rumah-rumah orang Mesir dan terdengar tangisan yang hebat. Dimulai dari Firaun, yang sama sekali tidak takut akan Allah walaupun banyak pekerjaan Allah yang penuh kuasa telah ditunjukkan kepada semua orang Mesir, tangisan yang hebat memecah keheningan malam.

Tetapi sampai pagi orang Israel tidak pergi keluar pintu sama sekali. Mereka hanya memakan daging anak domba sesuai dengan firman Allah. Apa alasanya sehingga mereka harus memakan daging anak domba pada tengah malam? Hal ini mengandung makna rohani yang mendalam.

Sebelum Adam memakan buah dari pohon pengetahuan tentang yang baik dan jahat, ia hidup di bawah kekuasaan Allah yang merupakan terang, tetapi sejak ia tidak taat dan makan dari pohon itu, ia menjdai hamba dosa. Karena hal ini, maka semua keturunannya, seluruh umat manusia menjadi ada di bawah kuasa Iblis dan setan musuh kita, penguasa kegelapan. Karenanya, dunia ini adalah milik kegelapan atau malam.

Sama seperti orang Israel harus memakan anak domba pada saaat larut malam, kita yang seecara rohani hidup dalam dunia kegelapan harus memakan daging dari Anak Manusia yang adalah Terang dan meminum darah-Nya sehingga kita dapat memperoleh keselamatan. Allah memberi tahu mereka secara lengkap bagaimana cara memakan anak domba itu. Mereka harus memakan anak domba itu dengan roti tidak beragi dan sayur pahit (Keluaran 12:8).

Ragi adalah sejenis jamur yang digunakan untuk membuat roti menjadi mengembang, dan rotinya lembut. Roti tidak beragi tidak seenak roti yang dibuat dengan ragi.

Karena saat itu merupakan situasi yang berat antara hidup

atau mati, Allah membuat mereka memakan anak domba dengan roti tidak beragi yang kurang enak dan sayur pahit utnuk membuat mereka selalu mengingat hari tersebut.

Ragi juga merujuk kepada dosa dan kejahatan dalam pengertian rohani. Karenanya, memakan roti yang tidak ada raginya, menggambarkan bahwa kita harus membuang dosa dan kejahatan untuk dapat menerima keselamatan.

Dan Allah menyuruh mereka untuk memanggang anak domba di atas api, bukannya memakannya mentah atau direbus di air, dan mereka harus memakan semuanya termasuk kepala, kaki, dan isi perutnya (Keluaran 12:9).

Disini, 'memakannya mentah' berarti menginterpretasikan firman Allah yang berharga itu secara harfiah.

Sebagai contoh, Matius 6:6 berkata, *"Tetapi jika engkau berdoa, masuklah ke dalam kamarmu, tutuplah pintu dan berdoalah kepada Bapamu yang ada di tempat tersembunyi. Maka Bapamu yang melihat yang tersembunyi akan membalasnya kepadamu."* Jika kita menginterpretasikannya secara harfiah, kita harus pergi ke dalam kamar, menutup pintunya dan berdoa. Tapi tidak ada di Alkitab kita bisa menemukan hamba Allah berdoa di dalam kamar dengan pintu yang tertutup.

Secara rohani, 'masuk ke dalam kamar dan berdoa' artinya daalah kita jangan memiliki pikiran yang kosong, tetapi harus berdoa dengan segenap hati kita.

Demikian juga dengan pola pola makan kita, jika kita makan daging mentah, kita bisa terkena infeksi dari parasit atu bahkan kita bisa menjadi sakit perut Jika kita menginterpretasikan firman Allah secara harfiah, kita bisa menjadi salah mengerti dan hal itu akan membawa masalah. Lalu kita tidak dapat memiliki iman rohani, sehingga akan membawa kita semakin jauh dari keselamatan.

'Merebus dalam air' artinya adalah 'menambahkan filosofi, ilmu pengetahuan, ilmu kedokteran atau pemikiran manusiapada firman Allah.' Jika kita merebus daging di air, sari dari dagingnya akan keluar dan gizinya akan banyak yang terbuang. Sama halnya jika kita menambahkan pengetahuan dari dunia ini pada firman kebenaran, kita mungkin memiliki iman sebagai pengetahuan, tetapi kita tidak dapat memiliki iman rohani. Karena itu, kita tidak dibawa pada keselamatan.

Kini, apa artinya dari memanggang anak domba di atas api?
Disini, 'api' melambangkan 'api dari Roh Kudus'. Firman Allah dituliskan dalam ilham dari Roh Kudus, dan karenanya, saat kita mendengar dan membacanya, Kita harus melakukannya dalam kepenuhan dan ilham dari Roh Kudus. Kalau tidak, firman itu hanya akan menjadi pengetahuan, dan kita tidak dapat memilikinya sebagai manna rohani.
Untuk dapat memakan firman Alllah yang dipanggang diatas api, kita harus berdoa dengan tekun. Doa itu sama seperti minyak dan merupakan sumber untuk memberi kita kepenuhan

Roh Kudus. Ketika kita menerima firman Allah dengan ilham dari Roh Kusus, firman itu akan terasa lebih manis dari pada madu. Itu berarti bahwa kita mendengarkan firman dengan hati yang haus seperti rusa merindukan mata air. Demikianlah kita merasakan bahwa waktu mendengarkan firman Allah sangat berharga dan kita tidak akan pernah merasa bosan.

Saat kita mendengarkan firman Allah, jika kita menggunakan pemikiran manusia, atau pengalaman dan pengetahuan kita sendiri, kita mungkin tidak akan mengerti banyak hal.

Misalnya, Allah memberitahu kita, jia seseorang menampar salah satu pipi kita, maka kita harus juga memberikan pipi yang lainnya; jika ada oranng yang meminta pakaian kita, maka kita harus memberikan juga jubah kita; jika da orang yang meminta kita pergi sejauh satu mil, maka kita harus berjalan dengannya sejauh dua mil. Banyak orang juga yang menganggap bahwa membalas dendam adalah perbuatan yang bisa dibenarkan, tetapi Allah menyuruh kita untuk mengasihi bahkan musuh kita, merendahkan diri, dan melayani orang lain (Matius 5:39-44).

Itulah sebabnya kita harus mematahkan semua pikiran kita dan menerima firman Allah hanya dalam ilham Roh Kudus. Barulah firman Allah akan menjadi hidup dan kekuatan kita, sehingga kita akan dapat membuang ketidakbenaran dan kita akan dibimbing ke jalan hidup yang kekal.

Pada umumnya, jika kita memanggang daging di atas api, rasanya akan jadi lebih enak, dan juga bisa mencegah infeksi.

Sama halnya, Iblis dan setan musuh kita tidak bisa bekerja atas orang-orang yang menerima firman Allah secara rohani dengan perasaan bahwa firman itu lebih manis daripada madu.

Terlebih lagi, Allah menyuruh mereka memakan kaki, kepala, dan isi perut. Ini berati bahwa kita harus mengambil ke-66 kitab dalam Alkitab tanpa menyisakan satu pun.

Alkitab memuat permulaan penciptaan dan pemeliharaan atas penanaman umat manusia. Lebih lagi, Alkitab juga memuat cara-cara untuk menjadi anak-anak sejati Allah. Alkitab mengandung pemeliharaan keselamatan yang telah tersembunyi sejak sebelum permulaan waktu. Alkitab memuat kehendak Allah

Terlebih lagi, untuk memakan kepala, kaki dan isi berarti bahwa kita harus mengambil Alkitab sebagai keseluruhan, dimulai dari kitab Kejadian sampai kitab Wahyu.

Jangan Menyisakannya Sampai Pagi, dan Buru-burulah Memakannya

Orang Israel memakan anak domba yang dibakar di rumah mereka, dan mereka tidak meninggalkan sisa sampai pagi, Keluaran 12:10 berkata, *"Janganlah kamu tinggalkan apa-apa dari daging itu sampai pagi; apa yang tinggal sampai pagi kamu bakarlah habis dengan api."*

'Pagi hari' adalah saat ketika kegelapan pergi dan terang

muncul. Secara rohani, pagi merujuk pada waktu kedatangan Tuhan yang kedua. Setelah Ia keambali, kita tidak dapat mempersiapkan minyak kita, (Matius 25:1-13) dan juga kita harus mengambil firman Allah dengan tekun dan melakukannya sebelum Tuhan Yesus datang kembali.

Manusia juga dapat hidup hanya sampai 70 sampai 80 tahun dan kita tidak tahu kapan hidup kita akan berakhir. Karenanya kita harus menerima firman Allah dengan tekun sepanjang waktu.

Orang-orang Israel harus pergi dari Mesir setelah tulah kematian anak sulung terjadi, itulah sebabnya Allah menyuruh mereka untuk memakannya dengan buru-buru.

Dan beginilah kamu memakannya: pinggangmu berikat, kasut pada kakimu dan tongkat di tanganmu; buru-burulah kamu memakannya; itulah Paskah bagi TUHAN (Keluaran 12:11).

Ini berarti bahwa mereka harus bersiap-siap untuk pergi dengan mengenakan semua pakaian dan kasut mereka Pinggang berikat dan kasut pada kaki, artinya adalah mereka harus siap sepenuhnya.

Untuk dapat menerima keselamatan melalui Yesus Kristus di dunia ini, seperti Mesir yang mengalami tulah, dan untuk masuk ke dalam kerajaan surgawi, yang seperti Tanah Perjanjian Kanaan, kita juga harus selau siap dan berjaga-jaga.

Allah juga menyuruh mereka utuk membawa tongkat di

tangannya, dan 'tongkat' secara rohani melambangkan iman. Saat kita berjalan atau menaiki bukit, akan lebih aman dan lebih mudah, serta kita tidak akan jatuh, jika kita memiliki tongkat. Alasan mengapa tongkat diberikan kepada Musa adalah karena manusia belum menerima Roh Kudus di dalam hatinya. Allah memberi Musa tongkat yang secara rohani melambangkan iman. Dengan begitu orang-orang Israel dapat mengalami kuasa Allah melalui sebuah tongkat yang secara jasmani dapat dilihat oleh mata, dan pekerjaan Keluaran dari Mesir dapat dilakukan.

Bahkan hari ini, untuk dapat memasuki kerajaan surga kekal, kita harus memilki iman rohani. Kita dapat mencapai keselamtan hanya jika kita percaya kepada Yesus Kristus yang telah mati di kayu salib tanpa dosa dan bangkit. Kita dapat mencari keselamatan penuh hanya jika kita melakukan firman Allah dengan memakan daging Tuhan dan meminum darah-Nya.

Dan lagi, kini waktunya sudah semakin dekat bagi Tuhan untuk datang kembali. Demikianlah, kita harus menaati fiman Allah dan berdoa dengan sungguh-sungguh, sehingga kita dapat selalu menang dalam pergumuan melawan kuasa-kuasa kegelapan.

"Sebab itu ambillah seluruh perlengkapan senjata Allah, supaya kamu dapat mengadakan perlawanan pada hari yang jahat itu dan tetap berdiri, sesudah kamu menyelesaikan segala sesuatu. Jadi

berdirilah tegap, berikatpinggangkan kebenaran dan berbajuzirahkan keadilan, kakimu berkasutkan kerelaan untuk memberitakan Injil damai sejahtera; dalam segala keadaan pergunakanlah perisai iman, sebab dengan perisai itu kamu akan dapat memadamkan semua panah api dari si jahat, dan terimalah ketopong keselamatan dan pedang Roh, yaitu firman Allah" (Efesus 6:13-17).

Bab 8

Sunat dan Perjamuan Kudus

Keluaran 12:43-51

Berfirmanlah TUHAN kepada Musa dan Harun: "Inilah ketetapan mengenai Paskah: Tidak seorangpun dari bangsa asing boleh memakannya."
Tetapi tidak seorangpun yang tidak bersunat boleh memakannya (48).
"Satu hukum saja akan berlaku untuk orang asli dan untuk orang asing yang menetap di tengah-tengah kamu."
Dan tepat pada hari itu juga TUHAN membawa orang Israel keluar dari tanah Mesir, menurut pasukan mereka (51).

Perayaan hari raya Passover telah dilakukan secara terus menerus dan merupakan perayaan yag paling lama dilakukan di dunia, selama lebih dari 3.500 tahun. Itu adalah dasar dari berdirinya negara Israel.

Pasaover adalah ôñç (Pesach) dalam bahasa Ibrani, dan artinya adalah melewati atau mengampuni sesuatu. Itu berarti bahwa bayangan kegelapan melewati rumah-rumah orang Israel yang pintu dan ambang atas rumahnnya dibubuhi oleh darah anak domba saat tulah kematian anak Sulung menimpa Mesir.

Di Israel, bahkan sampai sekarang, mereka membersihkan rumah-rumah dan membuang semua roti beragi dari rumahnya pada saaat Passover. Bahkan anak-anak kecil mencari cemilan atau roti yang beragi di bawah kasur atau di belakang perabotan senter dan membuangnya. Masing-masing rumah juga makan sesuai dengan peraturan Passover. Kepala keluarga mengingatkan Perayaan Passover dan mereka merayakan Keluaran.

"Mengapa kita makan *Matzo* (roti tidak beragi) malam ini"

"Mengapa kita makan *Maror* (sayur pahit) malam ini"

"Kenapa kita memakan seledri setelah mencelupkannya ke air garam dua kali? Kenapa kita harus memakan sayuran pahit dengan *Harosher* (selai yang berwarna kemerahan, melambangkan membakar bata di Mesir)?"

"Kenapa kita berbaring dan memakan makanan Passover?"

Pemimpin upacara menerangkan bahwa mereka harus makan roti tidak beragi karena mereka harus meninggalkan Mesir dengan buru-buru. Ia juga menerangkan tentang memakan sayur pahit untuk mengingat sakitnya perbudakan di Mesir, dan memakan seledri yang dicelupkan ke air garam untuk mengingat airmata yang telah mereka curahkan di Mesir

Tetapi sekarang, karena nenek moyang mereka telah bebas dari perbudakan, maka mereeka memakan makanan sambil berbaring untuk mengungkapkan kebebasan dan sukacita, karena dapat makan dan bersantai. Dan ketika pemimpin berbicara tentang Sepuluh Tulah di Mesir, masing-masing anggota kelaurga memegang sedikit anggur di dalam mulut mereka saat setiap nama tulah disebutkan lalu meludahkannya ke dalam mangkuk yang terpisah.

Passover terjadi sekitar 3.500 tahun yang lalu, tetapi melalui makanan saat Passover, bahkan anak-anak kini memiliki kesempatan untuk mengalami Keluaran. Bangsa Yahudi masih melakukan perayaan ini yang Allah tetapkan ribuan tahun lalu.

Kuasa Diaspora, yaitu kuasa bagi orang Yahudi yang tersebar ke seluruh dunia untuk kembali bersatu dan membangun kembali negeri mereka, terletak di sini.

Kualifikasi Peserta yang Mengambil Bagian dalam Passover

Pada malam hingga sebelum terjadinya tulah kematian anak sulung, orang Israel diselamatkan dari kematian dengan taat pada firman Allah. Tetapi untuk berpartisipasi dalam perayaan Passover, mereka harus memenuhi suatu syarat.

Berfirmanlah TUHAN kepada Musa dan Harun: "Inilah ketetapan mengenai Paskah (Passover): Tidak seorangpun dari bangsa asing boleh memakannya. Seorang budak belian barulah boleh memakannya, setelah engkau menyunat dia. Orang pendatang dan orang upahan tidak boleh memakannya. Paskah itu harus dimakan dalam satu rumah juga; tidak boleh kaubawa sedikitpun dari daging itu keluar rumah; satu tulangpun tidak boleh kamu patahkan. Segenap jemaah Israel haruslah merayakannya. Tetapi apabila seorang asing telah menetap padamu dan mau merayakan Paskah bagi TUHAN, maka setiap laki-laki yang bersama-sama dengan dia, wajiblah disunat; barulah ia boleh mendekat untuk merayakannya; ia akan dianggap sebagai orang asli. Tetapi tidak seorangpun yang tidak bersunat boleh memakannya." Satu hukum saja akan berlaku untuk orang asli dan untuk orang asing yang menetap di tengah-tengah kamu (Keluaran 12:43-49).

Hanya orang-orang yang disunat yang boleh makan makanan Passover, karena sunat adalah hal yang krusial dalam hidup dan secara rohani berkaitan dengan masalah keselamatan.

Sunat adalah memotong sebagian dari seluruh kulit khatan (kulup) dari penis dan dilakukan pada hari kedelapan sejak kelahiran semua bayi laki-laki di Israel.

Kejadian 17:9-10 berkata, *"Lagi firman Allah kepada Abraham: 'Dari pihakmu, engkau harus memegang perjanjian-Ku, engkau dan keturunanmu turun-temurun. Inilah perjanjian-Ku, yang harus kamu pegang, perjanjian antara Aku dan kamu serta keturunanmu, yaitu setiap laki-laki di antara kamu harus disunat.'"*

Ketika Allah memberikan perjanjian berkat-Nya kepada Abraham, bapa orang beriman, Ia meminta Abraham untuk melakukan sunat sebagai tanda dari perjanjian itu. Orang yang tidak bersunat tidak dapat menerima berkat itu.

"Haruslah dikerat kulit khatanmu dan itulah akan menjadi tanda perjanjian antara Aku dan kamu. Anak yang berumur delapan hari haruslah disunat, yakni setiap laki-laki di antara kamu, turun-temurun: baik yang lahir di rumahmu, maupun yang dibeli dengan uang dari salah seorang asing, tetapi tidak termasuk keturunanmu. Orang yang lahir di rumahmu dan orang yang engkau beli dengan uang harus disunat; maka dalam dagingmulah perjanjian-Ku itu menjadi perjanjian yang kekal. Dan orang yang tidak disunat,

yakni laki-laki yang tidak dikerat kulit khatannya, maka orang itu harus dilenyapkan dari antara orang-orang sebangsanya: ia telah mengingkari perjanjian-Ku" (Kejadian 17:11-14).

Lalu, mengapa Allah memerintahkan mereka untuk disunat pada hari kedelapan?

Saat bayi baru dilahirkan setelah berada di dalam rahim ibunya selama sembilan bulan, tidaklah mudah baginya untuk menyesuaikan dirinya terhadap segala sesuatu yang baru yang ada di sekelilingnya karena lingkungannya sangat berbeda. Sel-sel tubuhnya masih sangat lemah, tetapi setelah tujuh hari mereka menjadi terbiasa dengan lingkungan baru itu, namun mereka masih belum terlalu aktif.

Jika kulit khatannya dipotong pada waktu itu rasa sakitnya hanya sedikit, dan lukanya akan menutup dengan sangat cepat. Tetapi setelah ia menjadi dewasa, maka kulitnya menjadi keras dan akan menjadi sangat sakit.

Allah membuat orang Israel melakukan sunat pada hari kedelapan setelah kelahiran, sehingga dapat bermanfaat bagi kebersihan dan pertumbuhan, sekaligus menjadikannya sebagai tanda perjanjian-Nya.

Sunat, Terkait Secara Langsung dengan Kehidupan

Keluaran 4:24-26 berkata, *"Tetapi di tengah jalan, di suatu tempat bermalam, TUHAN bertemu dengan Musa dan berikhtiar untuk membunuhnya. Lalu Zipora mengambil pisau batu, dipotongnya kulit khatan anaknya, kemudian disentuhnya dengan kulit itu kaki Musa sambil berkata: 'Sesungguhnya engkau pengantin darah bagiku.' Lalu TUHAN membiarkan Musa. 'Pengantin darah,' kata Zipora waktu itu – karena mengingat sunat itu."*

Mengapa Allah mencoba membunuh Musa?

Kita dapat mengetahui kelahiran dan masa pertumbuhan Musa. Pada saat itu, untuk menghancurkan bangsa Israel sepenuhnya, dikeluarkan perintah untuk membunuh semua bayi laki-laki Ibrani yang baru lahir.

Selama waktu ini, ibu Musa menyembunyikan dia. Akhirnya ia menaruh Musa di keranjang dan meletakkannya di tepi sungai Nil. Oleh pemeliharaan Allah ia dilihat oleh seorang putri Firaun dan ia juga menjadi pangeran sebagai anak angkat putri itu. Karena itulah ia tidak berada dalam keadaan untuk disunat.

Walaupun ia dipanggil sebagai pemimpin Keluaran, ia belum disunat. Karena itulah mengapa malaikat Allah mencoba membunuhnya. Demikianlah, sunat terkait secara langsung dengan kehidupan; jika seseorang tidak disunat maka ia tidak ada hubungannya dengan Allah.

Ibrani 10:1 berkata, *"Di dalam hukum Taurat hanya terdapat bayangan saja dari keselamatan yang akan datang, dan bukan hakekat dari keselamatan itu sendiri,"* dan hukum Taurat di sini merujuk pada Perjanjian Lama, dan 'yang akan datang' adalah Perjanjian Baru, yaitu Kabar Baik yang datang melalui Yesus Kristus.

Bayangan dan gambar yang asli adalah satu, dan mereka tidak dapat muncul terpisah. Karenanya, perintah Allah tentang sunat di masa Perjanjian Lama, yang menyatakan bahwa mereka akan dibuang dari antara orang-orang pilihan Allah bila tanpa sunat, masih berlaku kepada kita sampai sekarang.

Tetapi sekarang, tidak seperti di dalam Perjanjian Lama, kita tidak perlu mengalami sunat jasmani melainkan sunat rohani, yaitu sunat hati.

Sunat Jasmani dan Sunat Hati

Roma 2:28-29 berkata, *"Sebab yang disebut Yahudi bukanlah orang yang lahiriah Yahudi, dan yang disebut sunat, bukanlah sunat yang dilangsungkan secara lahiriah. Tetapi orang Yahudi sejati ialah dia yang tidak nampak keyahudiannya dan sunat ialah sunat di dalam hati, secara rohani, bukan secara hurufiah. Maka pujian baginya datang bukan dari manusia, melainkan dari Allah."* Sunat jasmani hanyalah bayangan saja, dan gambar asli di dalam Perjanjian Baru adalah sunat hati, dan ini adalah yang diberikan oleh keselamatan bagi kita.

Di masa Perjanjian Lama, mereka tidak menerima Roh Kudus, dan mereka tidak dapat membuang ketidakbenaran dari hati mereka. Demikianlah, mereka menunjukkan bahwa mereka adalah milik Allah dengan disunat secara jasmani. Tetapi di masa Perjanjian Baru, ketika kita menerima Yesus Kristus, Roh Kudus datang ke dalam hati kita, dan Roh Kudus menolong kita untuk hidup oleh kebenaran sehingga kita dapat membuang ketidakbenaran dari dalam hati.

Menyunat hati kita adalah cara untuk mengikuti perintah dalam Perjanjian Lama untuk disunat pada tubuh. Itu adalah cara untuk melakukan paskah.

"Sunatlah dirimu bagi TUHAN, dan jauhkanlah kulit khatan hatimu" (Yeremia 4:4).

Apa yang dimaksud dengan menjauhkan kulit khatan hati? Maksudnya adalah untuk memegang semua firman Allah yang menyuruh kita untuk melakukan, jangan melakukan, untuk memegang, atau membuang hal-hal tertentu.

Kita jangan melakukan hal-hal yang dilarang oleh Allah, seperti "Jangan membenci, jangan menghakimi atau menghukum, jangan mencuri, dan jangan berzina." Kita juga dapat membuang dan memegang saat ia menyuruh kita untuk membuang atau memegang sesuatu, seperti, "Buanglah segala bentuk kejahatan, peganglah hari Sabat, peganglah perintah-

perintah Allah."

Kita juga harus melakukan apa yang diperintahkan-Nya untuk kita lakukan, seperti "Kabarkanlah injil, berdoalah, ampunilah, kasihilah, dsb." Dengan melakukannya, maka kita membuang segala ketidakbenaran, pelanggaran, dan kegelapan dari hati kita untuk membuatnya bersih, dan kemudian kita memenuhinya dengan kebenaran.

Sunat Hati dan Keselamatan Penuh

Pada masa Musa, Paskah ditetapkan bagi orang Israel untuk menghindari kematian anak sulung sebelum Keluaran. Demikianlah, itu bukan berarti bahwa seseorang diselamatkan selamanya hanya dengan ambil bagian dalam Paskah.

Jika mereka diselamatkan kekal oleh Paskah, maka semua orang Israel yang keluar dari Mesir akan sudah masuk ke dalam Tanah yang dipenuhi dengan susu dan madu, yaitu Tanah Kanaan.

Tetapi kenyataannya adalah semua orang dewasa kecuali Yosua dan Kaleb yang berusia di atas 20 tahun pada saat Keluaran, tidak menunjukkan iman dan perbuatan ketaatan. Mereka adalah generasi yang telah tinggal di padang gurun selama empat puluh tahun dan mati di sana, tanpa sempat melihat negeri Kanaan yang diberkati.

Sama halnya dengan sekarang. Bahkan walaupun kita telah

menerima Yesus Kristus dan menjadi anak-anak Allah, itu tidak cukup dan menjamin selamanya. Itu hanya berarti bahwa kita telah masuk ke dalam batasan keselamatan.

Karenanya, sama seperti diperlukan waktu pencobaan selama 40 tahun bagi orang Israel untuk masuk ke Tanah Kanaan, maka kita harus melalui proses penyunatan dengan firman Allah untuk menerima keselamatan permanen.

Sekali kita telah menerima Yesus Kristus sebagai Juru Selamat pribadi kita, maka kita akan menerima Roh Kudus. Namun, 'menerima Roh Kudus' bukan berarti bahwa hati kita akan sepenuhnya bersih. Kita harus terus menyunat hati kita sampai kita mencapai keselamatan penuh. Hanya ketika kita menjaga hati kita, yang merupakan sumber kehidupan, melalui sunat dalam hati, baru kita dapat memperoleh keselamatan penuh.

Pentingnya Menyunat Hati

Hanya ketika kita membasuh dosa dan kejahatan kita dengan firman Allah dan mengoyaknya dengan pedang dari Roh Kudus, baru kita bisa menjadi anak-anak kudus Allah dan menjalani hidup yang bebas dari bencana.

Alasan lain mengapa kita harus menyunat hati kita adalah untuk menang dalam pertempuran rohani. Walaupun tidak kelihatan, ada pertempuran yang hebat berlangsung terus-menerus antara roh-roh kebaikan dari Allah dan roh-roh jahat.

Efesus 6:12 berkata *"Karena perjuangan kita bukanlah*

melawan darah dan daging, tetapi melawan pemerintah-pemerintah, melawan penguasa-penguasa, melawan penghulu-penghulu dunia yang gelap ini, melawan roh-roh jahat di udara."

Untuk menang dalam pertempuran rohani, kita harus memiliki hati yang bersih. Itu karena di dalam dunia roh, kuasa ada dalam keadaan tidak berdosa. Itulah sebabnya Allah menginginkan agar hati kita disunat, dan Ia sering kali mengatakan kepada kita tentang pentingnya sunat.

"Saudara-saudaraku yang kekasih, jikalau hati kita tidak menuduh kita, maka kita mempunyai keberanian percaya untuk mendekati Allah, dan apa saja yang kita minta, kita memperolehnya dari pada-Nya, karena kita menuruti segala perintah-Nya dan berbuat apa yang berkenan kepada-Nya" (1 Yohanes 3:21-22).

Agar kita dapat memperoleh jawaban atas masalah-masalah dalam kehidupan seperti penyakit dan kemiskinan, maka kita harus menyunat hati kita. Hanya ketika kita memiliki hati yang bersih, barulah kita akan memiliki keberanian di hadapan Allah dan menerima segala yang kita minta.

Passover dan Perjamuan Kudus

Demikianlah, hanya ketika kita melakukan sunat maka

kita dapat ambil bagian dalam Passover. Hal itu berkaitan dengan Perjamuan Kudus di masa sekarang. Passover adalah perayaan untuk memakan daging anak domba, dan Perjamuan Kudus adalah untuk memakan roti dan minum anggur yang melambangkan daging dan darah Yesus.

> *Maka kata Yesus kepada mereka: "Aku berkata kepadamu, sesungguhnya jikalau kamu tidak makan daging Anak Manusia dan minum darah-Nya, kamu tidak mempunyai hidup di dalam dirimu. Barangsiapa makan daging-Ku dan minum darah-Ku, ia mempunyai hidup yang kekal dan Aku akan membangkitkan dia pada akhir zaman"* (Yohanes 6:53-54).

Di sini, 'Anak Manusia' merujuk kepada Yesus, dan daging dari Anak Manusia merujuk pada 66 kitab di dalam Alkitab. Memakan daging dari Anak Manusia berarti mengambil firman kebenaran Allah yang tertulis di dalam Alkitab.

Sama juga seperti kita memerlukan cairan untuk membantu pencernaan makanan kita, ketika kita makan daging Anak Manusia, kita juga harus minum pada saat yang sama sehingga dapat tercerna dengan baik.

'Meminum darah Anak Manusia' berarti sungguh-sungguh percaya dan melakukan firman Allah. Setelah mendengar dan mengetahui tentang firman, jika kita tidak melakukannya, maka firman Allah itu tidak berguna bagi kita.

Ketika kita memahami firman Allah di dalam keenam puluh enam kitab di Alkitab dan melakukannya, maka kebenaran akan masuk ke dalam hati kita dan diserap seperti nutrisi diserap oleh tubuh. Kemudian, kejahatan dan dosa akan menjadi kotoran yang dibuang, sehingga kita akan semakin menjadi orang benar untuk mencapai hidup yang kekal.

Sebagai contoh, jika kita mengambil nutrisi kebenaran yang disebut 'kasih' dan melakukannya, firman ini akan diserap sebagai nutrisi. Hal-hal yang bertentangan dengannya seperti kebencian, iri hati, dan cemburu akan menjadi kotoran yang dibuang. Kemudian kita akan memiliki hati kasih yang sempurna.

Juga, saat kita memenuhi hati kita dengan damai dan kebenaran, maka pertikaian, pertengkaran, perselisihan, kemarahan, dan kejahatan akan lenyap.

Kualifikasi untuk Mengambil Bagian dalam Perjamuan Kudus

Pada saat Keluaran, orang-orang yang tidak disunat diperbolehkan untuk ambil bagian dalam Passover sehingga mereka dapat terhindar dari kematian anak sulung. Sama halnya sekarang, ketika kita menerima Yesus Kristus sebagai Juru Selamat kita dan menerima Roh Kudus, kita dimeteraikan sebagai anak-anak Allah, dan kita memiliki hak untuk ambil bagian dalam Perjamuan Kudus.

Tetapi Passover hanya untuk keselamatan dari kematian anak sulung. Mereka masih harus mengembara di padang gurun untuk mendapatkan keselamatan penuh. Dengan cara yang sama, walaupun kita telah menerima Roh Kudus dan dapat ambil bagian dalam Perjamuan Kudus, kita masih perlu melalui proses untuk menerima keselamatan kekal untuk selamanya. Karena kita telah masuk ke pintu gerbang keselamatan dengan menerima Yesus Kristus, kita harus menaati firman Allah di dalam hidup kita. Kita harus berjalan menuju pintu gerbang kerajaan surga dan keselamatan kekal.

Jika kita berbuat dosa, kita tidak dapat mengambil bagian dalam Perjamuan Kudus untuk memakan daging dan meminum darah Tuhan Yang Kudus. Kita harus terlebih dulu memeriksa diri kita, bertobat dari semua dosa yang sudah kita lakukan, dan membasuh hati kita untuk mengambil bagian dalam Perjamuan Kudus.

"Jadi barangsiapa dengan cara yang tidak layak makan roti atau minum cawan Tuhan, ia berdosa terhadap tubuh dan darah Tuhan. Karena itu hendaklah tiap-tiap orang menguji dirinya sendiri dan baru sesudah itu ia makan roti dan minum dari cawan itu. Karena barangsiapa makan dan minum tanpa mengakui tubuh Tuhan, ia mendatangkan hukuman atas dirinya" (1 Korintus 11:27-29).

Ada yang mengatakan bahwa orang yang dibaptis dengan air

dapat mengambil bagian dalam Perjamuan Kudus. Tetapi ketika kita menerima Yesus Kristus, kita menerima Roh Kudus sebagai pemberian. Kita memiliki hak untuk menjadi anak-anak Allah. Karenanya, jika kita menerima Roh Kudus dan menjadi anak-anak Allah, kita dapat mengambil bagian dalam Perjamuan Kudus setelah bertobat dari dosa-dosa kita, walaupun kita belum dibaptis dengan air.

Melalui perjamuan Kudus kita sekali lagi mengingat kasih Tuhan yang digantung di kayu salib dan menumpahkan darah-Nya bagi kita. Kita juga harus memeriksa diri kita sendiri dan belajar serta melakukan firman Allah.

1 Korintus 11:23-25 berkata, *"Sebab apa yang telah kuteruskan kepadamu, telah aku terima dari Tuhan, yaitu bahwa Tuhan Yesus, pada malam waktu Ia diserahkan, mengambil roti dan sesudah itu Ia mengucap syukur atasnya; Ia memecah-mecahkannya dan berkata: 'Inilah tubuh-Ku, yang diserahkan bagi kamu; perbuatlah ini menjadi peringatan akan Aku,' Demikian juga Ia mengambil cawan, sesudah makan, lalu berkata: 'Cawan ini adalah perjanjian baru yang dimeteraikan oleh darah-Ku; perbuatlah ini, setiap kali kamu meminumnya, menjadi peringatan akan Aku.'"*

Karenanya, saya mendesak Anda untuk menyadari makna sejati dari Passover dan Perjamuan Kudus dan dengan tekun memakan daging dan meminum darah Tuhan sehingga Anda dapat membuan semua kejahatan dan melakukan penyunatan hati sepenuhnya.

Bab 9

Keluaran dan Perayaan Roti Tidak Beragi

Keluaran 12:15-17

"Kamu makanlah roti yang tidak beragi tujuh hari lamanya; pada hari pertamapun kamu buanglah segala ragi dari rumahmu, sebab setiap orang yang makan sesuatu yang beragi, dari hari pertama sampai hari ketujuh, orang itu harus dilenyapkan dari antara Israel. Kamu adakanlah pertemuan yang kudus, baik pada hari yang pertama maupun pada hari yang ketujuh; pada hari-hari itu tidak boleh dilakukan pekerjaan apapun; hanya apa yang perlu dimakan setiap orang, itu sajalah yang boleh kamu sediakan. Jadi kamu harus tetap merayakan hari raya makan roti yang tidak beragi, sebab tepat pada hari ini juga Aku membawa pasukan-pasukanmu keluar dari tanah Mesir. Maka haruslah kamu rayakan hari ini turun-temurun; itulah suatu ketetapan untuk selamanya."

"Marilah kita memaafkan, tetapi jangan melupakan."

Itu adalah kalimat yan tertulis di pintu masuk Museum Holocaust Yad Vashem di Yerusalem. Museum itu dibuat untuk mengenang enam juta orang Yahudi yang dibunuh oleh Nazi selama Perang Dunia II, dan supaya sejarah yang sama tidak terulang kembali.

Sejarah Israel adalah sejarah yang penuh kenangan. Di dalam Alkitab, Allah menyuruh mereka untuk mengingat masa lalu, menyimpannya dalam hati, dan menjaganya selama bergenerasi-generasi.

Setelah orang Israel diselamatkan dari kematian anak sulung dengan melakukan Passover dan keluar dari Mesir, Allah menyuruh mereka untuk melakukan Perayaan Roti Tidak Beragi. Hal itu agar mereka selamanya mengingat hari saat mereka dibebaskan dari perbudakan di Mesir.

Makna Rohani dari Keluaran

Hari saat Keluaran bukan hanya hari kebebasan yang diperoleh bangsa Israel ribuan tahun lalu.

'Mesir' di mana orang Israel tinggal dalam tawanan melambangkan 'dunia ini' yang berada di bawah kuasa Iblis dan setan musuh kita. Sama seperti orang Israel dianiaya dan diperlakukan tidak adil saat menjadi budak di Mesir, manusia menderita rasa sakit dan kesedihan yang diakibatkan oleh Iblis dan setan musuh kita ketika mereka tidak mengenal Allah.

Sama seperti orang Israel menyaksikan Sepuluh Tulah yang berlangsung melalui Musa, mereka jadi dapat mengenal Allah. Mereka mengikuti Musa keluar dari Mesir untuk masuk ke Tanah Perjanjian Kanaan, yang telah Allah janjikan kepada Abraham nenek moyang mereka.

Sama halnya dengan orang-orang di masa kini yang terbiasa hidup tanpa mengenal Allah, tetapi kemudian menerima Yesus Kristus.

Orang Israel keluar dari Mesir, di mana mereka menjadi budak, bisa diumpamakan seperti orang yang keluar dari perbudakan mereka terhadap Iblis dan setan musuh kita dengan menerima Yesus Kristus dan menjadi anak-anak Allah.

Perjalanan bangsa Israel ke Tanah Kanaan, yang dipenuhi dengan susu dan madu, juga tidak berbeda dengan oran percaya yang melakukan perjalanan iman menuju kerajaan surga.

Tanah Kanaan, Berlimpah dengan Susu dan Madu

Dalam proses Keluaran, Allah tidak membimbing orang Israel secara langsung ke Tanah Kanaan. Mereka harus melalui padang gurun karena ada bangsa yang kuat bernama Filistin di jalan terpendek menuju Kanaan.

Untuk melewati tanah itu, mereka harus menghadapi bangsa

Filistin yang kuat. Allah tahu bahwa jika itu terjadi maka orang-orang yang tidak memiliki iman akan memilih untuk kembali ke Mesir.

Sama juga halnya, orang-orang yang baru saja menerima Yesus Kristus tidak diberikan iman sejati dengan segera. Sehingga jika mereka menghadapai ujian yang sama besarnya dengan bangsa Filistin yang kuat, mereka mungkin tidak dapat melaluinya dan akhirnya membuang iman.

Itulah mengapa Allah berkata, *"Pencobaan-pencobaan yang kamu alami ialah pencobaan-pencobaan biasa, yang tidak melebihi kekuatan manusia. Sebab Allah setia dan karena itu Ia tidak akan membiarkan kamu dicobai melampaui kekuatanmu. Pada waktu kamu dicobai Ia akan memberikan kepadamu jalan ke luar, sehingga kamu dapat menanggungnya"* (1 Korintus 10:13).

Sama seperti orang Israel berjalan di padang gurun sampai mereka mencapai Tanah Kanaan, bahkan setelah kita menjadi anak-anak Allah, di depan kita terbentang perjalanan iman sampai kita mencapai kerajaan surga, Tanah Kanaan.

Walaupun padang gurun itu keras tetapi orang yang memiliki iman tidak akan kembali ke Mesir karena mereka menantikan untuk melihat kebebasan, damai, dan kelimpahan di Tanah Kanaan yang tidak dapat mereka nikmati di Mesir. Sama juga halnya dengan kita sekarang.

Walaupun kadang-kadang kita harus melalui jalan yang sempit dan sulit, kita percaya akan kemuliaan kerajaan surga yang indah. Maka, kita jangan menganggap perlombaan iman sebagai sesuatu yang sulit, melainkan mengatasi segala sesuatunya dengan pertolongan dan kuasa Allah.

Akhirnya, orang Israel memulai perjalan ke Tanah Kanaan, negeri yang berlimpah denan susu dan madu. Mereka meninggalkan negeri yang sudah mereka diami selama lebih dari 400 tahun dan memulai perjalanan iman mereka di bawah kepemimpinan Musa.

Ada orang-orang yang membawa ternak. Yang lainnya memuat pakaian, perak, dan emas yang mereka terima dari orang Mesir. Ada juga yang menyiapkan roti tidak beragi sementara yang lainnya mengurus anak-anak kecil dan orang tua. Kumpulan banyak orang Israel yang terburu-buru pergi seperti tidak ada habisnya.

"Kemudian berangkatlah orang Israel dari Raamses ke Sukot, kira-kira enam ratus ribu orang laki-laki berjalan kaki, tidak termasuk anak-anak. Juga banyak orang dari berbagai-bagai bangsa turut dengan mereka; lagi sangat banyak ternak kambing domba dan lembu sapi. Adonan yang dibawa mereka dari Mesir dibakarlah menjadi roti bundar yang tidak beragi. Sebab adonan itu tidak diragi, karena mereka diusir dari Mesir dan tidak dapat berlambat-lambat, dan mereka tidak pula menyediakan bekal baginya" (Keluaran 12:37-39).

Hari ini hati mereka dipenuhi oleh kebebasan, pengharapan dan keselamatan. Untuk merayakan hari itu, Allah memerintahkan mereka untuk melakukan Perayaan Roti Tidak Beragi sepanjang setiap generasi.

Perayaan Roti Tidak Beragi

Di masa kini, dalam Kekistenan, kita merayakan Paskah untuk menggantikan Perayaan Roti Tidak Beragi. Paskah adalah perayaan yang dirayakan untuk mengucap syukur kepada Allah karena telah mengampuni semua dosa kita lewat penyaliban Yesus Kristus. Kita juga merayakannya sebagai hari dimana kita menjadi mungkin untuk keluar dari kegelapan dan masuk ke dalam terang oleh kebangkitan-Nya.

Perayaan Roti Tidak Beragi adalah salah satu dari tiga hari raya utama di Israel. Hal itu dilakukan untuk memperingati bahwa mereka keluar dari Mesir oleh tangan Allah. Dimulai dengan malam Passover, mereka memakan roti tidak beragi selama tujuh hari.

Bahkan setelah ia dan seluruh bangsa Mesir ditimpa begitu banyak tulah, Firaun tetap tidak mengubah pikirannya. Akhirnya, Mesir harus mengalami kematian anak sulung dan Firaun sendiri kehilangan anak sulungnya. Ia kemudian tergesa-gesa memanggil Musa dan Harun dan menyuruh mereka untuk segera meninggalkan Mesir. Sehingga mereka tidak punya waktu untuk memberi ragi pada rotinya. Itulah sebabnya mereka harus memakan roti tidak beragi.

Allah juga membuat mereka memakan roti tidak beragi supaya mereka dapat mengingat masa-masa penderitaan dan mengucap syukur karena telah dibebaskan dari perbudakan.

Passover adalah perayaan yang memperingati bahwa mereka telah diselamatkan dari kematian anak-anak sulung. Mereka memakan anak domba, sayur pahit, dan roti tidak beragi. Perayaan Roti Tidak Beragi adalah untuk memperingati bahwa mereka dulu memakan roti tidak beragi selama seminggu di padang gurun setelah mereka terburu-buru keluar dari Mesir.

Sekarang, orang Israel melakukan perayaan Passover selama seminggu penuh termasuk Perayaan Roti Tidak Beragi.

> *"Janganlah engkau makan sesuatu yang beragi besertanya; tujuh hari lamanya engkau harus makan roti yang tidak beragi besertanya, yakni roti penderitaan, sebab dengan buru-buru engkau keluar dari tanah Mesir. Maksudnya supaya seumur hidupmu engkau teringat akan hari engkau keluar dari tanah Mesir"* (Ulangan 16:3).

Makna Rohani dari Perayaan Roti Tidak Beragi

> *"Kamu makanlah roti yang tidak beragi tujuh hari lamanya; pada hari pertamapun kamu buanglah segala ragi dari rumahmu, sebab setiap orang yang*

makan sesuatu yang beragi, dari hari pertama sampai hari ketujuh, orang itu harus dilenyapkan dari antara Israel" (Keluaran 12:15).

Di sini, 'hari pertama' merujuk pada hari penyelamatan. Setelah mereka diselamatkan dari kematian anak-anak sulung dan keuar dari Mesir, bangsa Israel harus memakan roti tidak beragi selama tujuh hari. Sama juga halnya, setelah kita menerima Yesus Kristus dan menerima Roh Kudus, kita harus memakan roti tidak beragi secara rohani untuk mencapai keselamatan penuh.

Memakan roti tidak beragi secara rohani artinya adalah untuk membuang dunia dan memilih jalan yang sempit. Setelah kita menerima Yesus Kristus, kita harus merendahkan diri kita dan pergi ke jalan yang sempit untuk mencapai keselamatan penuh dengan kerendahan hati.

Memakan roti yang beragi dan bukannya roti tidak beragi adalah memilih jalan yang lapang dan mudah untuk mengejar hal-hal tidak berarti dari dunia ini yang dianggap baik oleh seseorang. Tentu saja, orang yang mengambil jalan ini tidak akan menerima keselamatan. Karena itulah Allah mengatakan bahwa orang yang memakan roti beragi akan dibuang dari Israel.

Lalu, pelajaran apakah yang diberikan oleh Perayaan Roti Tidak Beragi kepada kita di masa kini?

Pertama, kita harus selalu mengingat dan mengucap

syukur atas kasih Allah dan kasih karunia keselamatan yang kita terima dengan cuma-cuma dalam penebusan Yesus Kristus.

Orang Israel mengingat masa-masa perbudakan di Mesir dengan memakan roti tidak beragi selama tujuh hari dan mengucap syukur kepada Allah karena telah menyelamatkan mereka. Demikian juga, kita orang percaya, yang merupakan bangsa Israel secara rohani, harus mengingat kasih dan karunia Allah yang telah membimbing kita ke jalan hidup yang kekal dan mengucap syukur dalam segala hal.

Kita harus mengingat hari dimana kita bertemu dan mengalami Allah, dan hari ketika kita dilahirkan kembali dengan air dan Roh, dan mengucap syukur kepada Allah dengan mengingat kasih karunia-Nya. Ini sama seperti melakukan suatu tingkatan rohani dari Perayaan Roti Tidak Beragi. Orang yang sungguh-sungguh baik hatinya tidak akan pernah melupakan setiap kasih karunia yang telah mereka terima dari Allah. Ini adalah kewajiban manusia dan ini merupakan perbuatan dari hati kebaikan yang indah.

Dengan hati yang baik ini, seberapa pun sulitnya kenyataan sekarang, kita tidak akan pernah melupakan kasih dan anugerah Allah dan selalu mengucap syukur atas kasih karunia-Nya dan bersukacita senantiasa.

Demikianlah yang terjadi dengan Habakuk, yang hidup pada masa pemerintahan Raja Yosia sekitar tahun 600 SM.

"Sekalipun pohon ara tidak berbunga, pohon anggur tidak berbuah, hasil pohon zaitun mengecewakan, sekalipun ladang-ladang tidak menghasilkan bahan makanan, kambing domba terhalau dari kurungan, dan tidak ada lembu sapi dalam kandang, namun aku akan bersorak-sorak di dalam TUHAN, beria-ria di dalam Allah yang menyelamatkan aku" (Habakuk 3:17-18).

Negerinya Yehuda harus menghadapi bahaya dari bangsa Kaldea (Babel), dan Nabi Habakuk harus melihat negerinya jatuh, tetapi bukannya jatuh ke dalam keputusasaan, ia malah mempersembahkan pujian syukur kepada Allah.

Demikianlah, terlepas dari keadaan atau kondisi dalam kehidupan kita, hanya dengan satu fakta bahwa kita diselamatkan oleh kasih karunia Allah tanpa bayaran apa pun, maka kita dapat bersyukur dari dalam dasar hati kita.

Yang kedua, kita jangan membiasakan hidup kita atau iman kita tergelincir ke jalan sebelumnya yang kering atau menjalani kehidupan Kristen yang tidak berkembang atau berubah.

Mengikuti kehidupan yang tidak antusias sebagai seorang Kristen adalah untuk menjadi seperti diri kita sendiri. Itu adalah kehidupan yang stagnan tanpa pergerakan atau perubahan. Artinya kita memiliki iman kebiasaan yang suam-suam. Sama halnya dengan menunjukkan formalitas iman, tanpa menyunat hati kita.

Jika kita dingin, kita dapat menerima hukuman dari Allah supaya dapat berubah dan diperbarui. Tetapi jika kita suam-suam, kita berkompromi dengan dunia dan tidak mencoba untuk membuang dosa. Kita tidak akan secara sadar dan dengan mudah meninggalkan Allah sepenuhnya karena kita telah menerima Roh Kudus dan kita sangat tahu bahwa ada surga dan neraka.

Jika kita merasakan kekurangan-kekurangan kita, kita berdoa kepada Allah untuk mengatasinya. Tetapi orang-orang yang suam tidak menunjukkan antusiasme apa pun. Mereka menjadi 'pengunjung gereja'.

Mereka mungkin mengalami penderitaan dan merasakan kesedihan serta kegelisahan di dalam hati mereka, tetapi seiring berlalunya waktu bahkan perasaan-perasaan ini menghilang.

"Jadi karena engkau suam-suam kuku, dan tidak dingin atau panas, Aku akan memuntahkan engkau dari mulut-Ku" (Wahyu 3:16). Seperti yang tertulis, mereka tidak dapat diselamatkan. Itulah sebabnya Allah membuat kita mematuhi perayaan-perayaan berbeda dari waktu ke waktu untuk memeriksa iman kita dan untuk mencapai ukuran iman yang dewasa dan penuh.

Yang ketiga, kita harus selalu memegang karunia kasih mula-mula. Jika kita telah kehilangan kasih mula-mula, maka kita harus memikirkan di titik mana kita telah jatuh, bertobat, dan segera memulihkannya.

Siapa pun yang telah menerima Tuhan Yesus dapat mengalami karunia kasih mula-mula. Kasih dan anugerah Allah begitu besar sehingga setiap hari dalam hidupnya adalah sukacita dan kebahagiaan itu sendiri. Sama seperti orangtua mengharap anak-anaknya untuk tumbuh, Allah juga mengharap anak-anak-Nya untuk memiliki iman yang lebih teguh dan mencapai ukuran iman yang lebih besar. Tetapi jika kita kehilangan anugerah kasih mula-mula di satu titik, semangat dan kasih kita bisa menjadi dingin. Bahkan jika kita berdoa, kita mungkin hanya melakukannya sebagai kewajiban saja.

Sampai kita dapat mencapai tingkat pengudusan yang penuh, lengkap dan sempurna, maka jika kita memberikan hati kita kepada Iblis kita dapat kehilangan kasih mula-mula itu kapan saja. Demikianlah, jika kita telah kehilangan kasih mula-mula yang sungguh, kita harus menemukan penyebabnya dan segera bertobat serta berbalik.

Banyak oran mengatakan bahwa kehidupan Kristen itu adalah jalan yang sempit dan sulit, tetapi Ulangan 30:11 berkata, *"Sebab perintah ini, yang kusampaikan kepadamu pada hari ini, tidaklah terlalu sukar bagimu dan tidak pula terlalu jauh."* Jika kita menyadari kasih sejati Allah, maka perjalanan hidup dalam iman tidak pernah sulit. Itu karena penderitaan sekarang tidak dapat dibandingkan dengan kemuliaan yang akan diberikan kepada kita nanti. Kita dapat bergembira membayangkan kemuliaannya.

Karenanya, seperti orang percaya yang hidup selama hari-hari terakhir, kita harus selalu taat pada firman Allah dan hidup dalam terang sepanjang waktu. Jika kita tidak mengambil jalan lapang dari dunia ini dan sebaliknya memilih jalan iman yang senpit, maka kita akan dapat memasuki Tanah Kanaan yang berlimpah dengan susu dan madu.

Allah akan memberikan kepada kita angerah keselamatan dan sukacita kasih mula-mula. Ia akan memberkati kita untuk melakukan pengudusan dan melalui perjalanan iman kita, Ia akan membuat kita mengambil paksa kerajaan surgawi.

Bab 10

Hidup Yang Taat dan Berkat

Ulangan 28:1-14

"Jika engkau baik-baik mendengarkan suara TUHAN, Allahmu, dan melakukan dengan setia segala perintah-Nya yang kusampaikan kepadamu pada hari ini, maka TUHAN, Allahmu, akan mengangkat engkau di atas segala bangsa di bumi. Segala berkat ini akan datang kepadamu dan menjadi bagianmu, jika engkau mendengarkan suara TUHAN, Allahmu: Diberkatilah engkau di kota dan diberkatilah engkau di ladang. Diberkatilah buah kandunganmu, hasil bumimu dan hasil ternakmu, yakni anak lembu sapimu dan kandungan kambing dombamu. Diberkatilah bakulmu dan tempat adonanmu. Diberkatilah engkau pada waktu masuk dan diberkatilah engkau pada waktu keluar."

Sejarah Keluaran Israel memberi kita pelajaran yang berharga. Sama seperti tulah-tulah yang terjadi kepada Firaun dan Mesir karena ketidaktaatan mereka, perjalanan menuju Tanah Kanaan orang-orang Israel harus mengalami pencobaan-pencobaan penderitaan dan kegagalan untuk memperoleh kemakmuran karena mereka melawan kehendak Allah.

Mereka dilepaskan dari tulah kematian anak sulung melalui Passover. Tetapi, saat mereka tidak memiliki air untuk diminum dan makanan untuk dimakan dalam perjalanan ke Kanaan, mereka mulai mengeluh.

Mereka membuat seekor sapi emas dan menyembahnya, dan memberikan pemberitaan jelek tentang Tanah Perjanjian; mereka bahkan menentang Musa. Semua itu karena mereka tidak melihat jalan ke Kanaan dengan mata iman.

Sebagai hasilnya, generasi pertama dari Keluaran, kecuali Yosua dan Kaleb, mati di padang gurun. Hanya Yosua dan Kaleblah yang percaya akan janji Tuhan dan taat kepada-Nya, dan mereka masuk ke dalam Tanah Kanaan bersama dengan generasi kedua dari Keluaran.

Berkat untuk Memasuki Tanah Kanaan

Karena generasi pertama dari Keluaran adalah bagian dari generasi-generasi yang dilahirkan dan dibesarkan dalam budaya kafir Mesir selama 400 tahun, mereka telah kehilangan sebagian besar iman mereka kepadada Allah. Dan juga banyak sekali kejahatan yang ditanamkan ke dalam hati mereka saat mereka mengalami penganiayaan dan penderitaan.

Tetapi orang-orang Israel generasi kedua dari Keluaran diajari firman Allah semenjak mereka muda. Karena mereka menyaksikan banyak pekerjaan Allah yang luar biasa, mereka sangat berbeda dengan generasi orangtua mereka.

Mereka mengerti mengapa generasi orangtua mereka tidak dapat masuk ke dalam tanah Kanaan tetapi tetap tinggal di padang gurun selama 40 tahun. Mereka telah siap sepenuhnya untuk taat kepada pemimpin dan Tuhan mereka dengan iman yang sejati.

Tidak seperti generasi orangtua mereka yang terus mengeluh bahkan setelah mengalami begitu banyak pekerjaan Allah, mereka bersumpah untuk taat sepenuhnya. Merreka menyatakan bahwa mereka akan taat sepenuhnya kepada Yosua yang merupakan penerus Musa oleh kehendak Allah.

"Sama seperti kami mendengarkan perintah Musa, demikianlah kami akan mendengarkan perintahmu. Hanya, TUHAN, Allahmu, kiranya menyertai engkau, seperti Ia menyertai Musa. Setiap orang yang menentang perintahmu dan tidak mendengarkan perkataanmu, apapun yang kauperintahkan kepadanya, dia akan dihukum mati. Hanya, kuatkan dan teguhkanlah hatimu" (Yosua 1:17-18).

Masa waktu 40 tahun di padang gurun saat orang Israel mengembara bukan hanya masa hukuman. Itu adalah masa pelatihan rohani bagi generasi kedua Keluaran yang akan memasuki tanah Kanaan.

Sebelum Allah memberi berkat kepada kita, Ia mengizinkan kita mengalami berbagai pelatihan rohani yang berbeda sehingga kita dapat memiliki iman rohani. Itu karena tanpa iman rohani, kita tidak bisa menerima keselamatan dan kita tidak bisa masuk ke dalam kerajaan surga.

Dan juga, jika Allah memberi kita berkat sebelum kita memiliki iman rohani, sepertinya banyak dari kita yang akan kembali ke dunia. Jadi, Allah memperlihatkan kepada kita pekerjaan yang ajaib dari kuasa-Nya, dan kadang-kdang mengizinkan pencobaan yang menyala-nyala terhadap kita, agar iman kita dapat bertumbuh.

Rintangan pertama akan ketaatan yang dihadapi oleh generasi kedua adalah sungai Yordan. Sungai Yordan mengalir ditengah-tengah tanah Moab dan Tanah Kanaan, dan pada saat itu, arusnya kuat dan sering banjir hingga ke tepiannya.

Kemudian, apa yang Allah katakan? Ia menyuruh para Imam untuk membawa Tabut Allah dan berjalan paling depan memimpin rombongan masuk ke dalam sungai. Segera setelah orang-orang mendengar tetang kehendak Allah melalui Yosua, mereka bergerak menuju Sungai Yordan tanpa keraguan, dengan para imam berjalan paling depan.

Karena mereka percaya kepada Allah Yang Mahatahu dan

Mahakuasa mereka dapat taat tanpa menjadi ragu dan mengeluh. Sebagai hasilnya, saat kaki para imam yang menggotong Tabut menyentuh air di tepian sungai, aliran air berhenti dan mereka dapat menyeberanginya seperti tanah kering.

Mereka juga menghancurkan kota Yerikho yang dulu dikatakan sebagai tembok yang tidak tertembus. Tidak seperti sekarang, karena mereka tidak memiliki senjata yang kuat, hampir mustahil untuk menghancurkan dinding yang demikian kuat, yang sebenarnya adalah dua lapis tembok.

Bahkan walaupun mengerahkan segenap kekuatan, tetap akan menjadi pekerjaan yang sangat sulit untuk menghancurkannya. Tetapi Allah menyuruh mereka hanya mengelilingi kota itu sekali sehari selama enam hari, dan pada hari ketujuh mereka harus bangun pagi dan mengelilinginya sebanyak tujuh kali, lalu kemudian berteriak dengan nyaring.

Dalam keadaan di mana pasukan musuh bersiap menjaga di atas tembok, generasi kedua dari Keluaran mulai berjalan mengelilingi tembok kota tanpa ragu-ragu.

Mungkin saja musuh menembakkan banyak panah terahadap mereka atau bisa saja menyerang mereka secara penuh. Masih dalam keadan berbahaya itu, mereka taat pada firman Allah dan terus berjalan mengelilingi kota itu. Bahkan tembok yang kuat itu runtuh saat orang-orang Israel menaati firman Allah.

Menerima Berkat Melalui Ketaatan

Ketaatan dapat melampaui keadaan apapun. Ketaatan meupakan jalan tembus untuk membawa kuasa Allah yang ajaib. Dari sudut pandang manusia kita dapat menganggap bahwa mustahil untuk melakukan hal-hal tertentu. Tetapi dalam pandangan Allah, tidak ada hal apapun yang tidak dapat kita taati, dan Allah adalah Mahakuasa.

Untuk menunjukkan ketaatan seperti ini, sama seperti kita harus memangang anak domba di atas api, maka kita harus mendengar dan memahami firman Allah sepenuhnya dengan ilham dari roh Kudus.

Sama juga seperti bangsa Israel yang telah memelihara Passover dan Perayaan Roti Tidak Beragi sepanjang seluruh generasinya, kita harus selalu mengingat firman Allah dan menyimpannya dalam pikiran kita. Maka kita harus terus-menerus menyunat hati kita dengan firman Allah dan membuang dosa dan kejahatan dengan rasa syukur kita bagi anugerah keselamatan.

Barulah kita akan diberikan iman sejati dan dapat menunjukkan tindakan ketaatan yang sempurna.

Ada hal-hal yang tidak dapat kita taati jika kita berpikir mengunakan teori, pengetahuan, atau akal manusia. Tetapi kehendak Allah bagi kita adalah untuk taat dalam hal-hal ini. Ketika kita menunjukkan ketaatan seperti ini, Allah akan menunjukkan kepada kita pekerjaan hebat dan berkat-berkat yang ajaib.

Dalam Alkitab, ada banyak orang yang menerima berkat yang luar biasa melalui ketaatan mereka. Daniel dan Yusuf menerima berkat karena mereka memiliki iman yang teguh di dalam Allah, dan bahkan sebelum mati, mereka hanya berpegang kepada firman Allah. Begitu juga dengan hidup Abraham, bapa orang beriman, kita dapat mengerti betapa Allah berkenan kepada orang-orang yang taat.

Berkat yang Diberikan Kepada Abraham

Berfirmanlah TUHAN kepada Abram: "Pergilah dari negerimu dan dari sanak saudaramu dan dari rumah bapamu ini ke negeri yang akan Kutunjukkan kepadamu; Aku akan membuat engkau menjadi bangsa yang besar, dan memberkati engkau serta membuat namamu masyhur; dan engkau akan menjadi berkat" (Kejadian 12:1-2).

Pada saat itu, Abraham berumur 75 tahun, dia jelas-jelas sudah tidak muda. Terutama tidak mudah baginya untuk ia meninggalkan negerinya dan berpisah dari semua kerabatnya karena ia tidka mempunyai anak untuk menjadi ahli warisnya.

Allah juga tidak menyebutkan kemana dia harus pergi. Allah hanya memerintahkan dia utnuk pergi. Jika menggunakan pikiran manusia, rasanya akan sulit untuk taat. Dia harus meninggalkan semuanya yang telah ia kumpulkan, dan pergi ke suatu tempat yang jelas asing. Itu tidaklah mudah untuk meninggakan semua yang kita miliki dan pergi ke suatu tempat yang benar-benar baru, bahkan walaupun jika ada sebuah jaminan akan masa depan. Dan berapa banyak orang dapat benar-benar meninggalkan segala miliknya, saat masa depannya tidak jelas? Tetapi Abraham hanya taat.

Ada saat lain di mana ketaatan Abraham menyinarkan cahayanya dengan lebih terang. Untuk dapat menerima ketaatan Abraham dengan lebih sempurna, Allah memberinya ujian untuk memberkatinya.

Allah memerintahkan ia untuk mempersembahkan anak tunggalnya, Ishak. Ishak adalah anak yang sangat berharga bagi Abraham. Ishak bahkan dianggap lebih berharga dari dirinya sendiri, tetapi Abraham taat tanpa ragu sama sekali.

Setelah Allah berbicara kepadanya, kita menemukan di dalam Kejadian 22:3 bahwa keesokan harinya, ia bangun pagi-pagi sekali dan menyiapkan keperluan untuk mempersembahkan korban kepada Allah, dan pergi ke tempat yang telah diperintahkan Allah kepadanya.

Saat itu diperlukan tingkat ketaatan yan lebih tinggi daripada meninggalkan negerinya dan rumah bapanya. Pada saat itu ia hanya taat tanpa benar-benar mengetahui apa kehendak Allah. Tetapi ketika Allah menyuruhnya untuk mempersembahkan anaknya Ishak sebagai korban bakaran, ia mengerti hati Allah dan menuruti kehendak-Nya. Di dalam

Ibrani 11:17-19 tertulis bahwa ia percaya bahwa walaupun jika ia mempersembahkan anaknya sebagai korban bakaran, Allah akan membangkitkannya, karena Ishak adalah benih dari Perjanjian Allah.

Allah berkenan dengan iman Abraham ini dan Ia Sendiri yang menyiapkan korbannya. Setelah Abraham melewati ujian ini, Allah menyebutnya sahabat-Nya dan memberi Abraham banyak berkat.

Bahkan sampai hari ini, air jarang ditemukan di sekeliling Israel. Pada masa itu di Tanah Kanaan air bahkan lebih langka lagi. Tetapi kemana pun Abraham pergi, selalu ada air berlimpah. Sehingga bahkan keponakannya Lot yang tinggal bersamanya menerima berkat yang besar juga.

Abraham memiliki banyak ternak, dan banyak emas dan perak; ia sangat kaya. Saat keponakannya Lot ditawan, Abraham membawa 318 laki-laki yang dibesarkan di rumah tangganya dan menyelamatkan Lot. Hanya dengan melihat ini, kita dapat melihat betapa kayanya ia.

Abraham taat pada firman Allah. Tempat yang ia tinggali dan daerah sekitarnya bersama-sama menerima berkat, dan orang-orang yan bersama dengannya juga diberkati.

Melalui Abraham, Ishak anaknya juga diberkati, dan keturunan-keturunannya begitu banyak hingga bahkan membentuk sebuah bangsa. Allah juga mengatakan bahwa Allah akan memberkati orang yang memberkatinya, dan akan mengutuk orang yang mengutuknya. Ia sangat dihormati sehingga bahkan raja-raja dari negeri tetangga datang memberi hormat kepadanya.

Abraham menerima segala jenis berkat yang dapat diterima manusia di bumi ini, termasuk kekayaan, kekuasaan, kesehatan, dan anak-anak. Seperti tertulis di dalam Ulangan pasal 28, ia menerima berkat saat ia masuk dan saat ia keluar.

Ia menjadi sumber berkat dan bapa orang beriman. Apalagi, ia dapat mengerti hati Allah dengan mendalam dan berbagi isi hati-Nya dengan Allah sebagai sahabat-Nya. Betapa mulianya berkat ini!

Karena Allah adalah kasih, Ia ingin agar semua orang menjadi seperti Abrahan dan menerima berkat serta kedudukan yang mulia. Itulah sebabnya Allah menuliskan catatan terperinci tentang Abraham. Siapa saja yang mengikuti teladannya dan taat pada firman Allah dapat menerima berkat yang sama saat ia masuk dan saat ia keluar seperti Abraham.

Kasih dan Keadilan Allah yang Ingin Memberkati Kita

Sampai sekarang kita dapat melihat pada Sepuluh Tulah yang menimpa Mesir dan Passover yang menjadi jalan keselamatan bagi bangsa Israel. Melalui ini kita dapat memahami mengapa kita menghadapi bencana, bagaimana kita bisa menghindarinya, dan bagaimana agar kita dapat diselamatkan.

Jika kita mengalami masalah atau penyakit, kita harus menyadari bahwa pada mulanya itu disebabkan oleh kejahatan kita. Kemudian, kita harus cepat-cepat memeriksa diri kita sendiri, bertobat dan membuang segala kejahatan. Juga, melalui Abraham, kita dapat memahami seperti apa berkat-berkat yang ajaib dan tak terbayangkan yang Allah berikan kepada orang yang taat kepada-Nya.

Ada penyebab untuk segala bencana. Sesuai dengan seberapa banyak kita menyadarinya dari dalam hati, berbalik dari dosa dan kejahatan, dan mengubah diri kita, hasilnya akan menjadi sangat berbeda. Ada orang yang hanya akan membayar akibat dari perbuatan salah mereka, sementara yang lainnya akan menemukan kegelapan atau kejahatan di dalam hati mereka melalui penderitaan dan menjadikannya kesempatan untuk berubah.

Di dalam Ulangan pasal 28, kita dapat menemukan perbandingan antara berkat dan kutuk yang akan kita terima dalam keadaan taat dan tidak taat pada firman Allah.

Allah ingin memberkati kita, tetapi seperti yang Ia katakan di dalam Ulangan 11:26, *"Lihatlah, aku memperhadapkan kepadamu pada hari ini berkat dan kutuk,"* pilihannya terserah kepada kita. Jika kita menabur buncis, maka buncislah yang akan tumbuh. Demikian juga, kita mengalami musibah yang dibawa oleh Iblis sebagai akibat dosa-dosa kita. Dalam hal ini, Allah harus mengizinkan bencana terjadi atas kita menurut keadilan-Nya.

Setiap orangtua pasti menginginkan agar anak-anaknya

sejahtera, dan mereka menyuruh, "Belajarlah giat," "Hiduplah jujur," "Taatilah rambu-rambu lalu lintas." Dengan hati yang sama seperti ini, Allah telah memberikan perintah-Nya kepada kita dan Ia ingin agar kita menaatinya. Orangtua tidak akan menginginkan anak-anaknya untuk tidak taat kepada mereka dan jatuh ke jalan kemalangan dan kehancuran. Demikian juga, Allah tidak pernah berkehendak agar kita tertimpa masalah.

Karenanya, saya berdoa dalam nama Tuhan Yesus Kristus supaya Anda semua akan menyadari kehendak Allah bagi anak-anak-Nya bukanlah kecelakaan melainkan berkat, dan melalui hidup yang taat Anda akan menerima berkat di saat Anda masuk maupun saat Anda keluar, dan segala sesuatu akan berjalan baik dengan Anda.

Penulis:
Dr. Jaerock Lee

Dr. Jaerock Lee lahir di Muan, Provinsi Jenona, Republik Korea, pada tahun 1943. Pada saat ia berumur dua puluhan, Dr. Lee menderita berbagai penyakit yang tak tersembuhkan selama 7 tahun dan menunggu kematian dengan tanpa harapan sembuh. Namun, pada suatu hari di musim semi tahun 1974, ia dibawa ke gereja oleh kakak perempuannya dan saat ia berlutut untuk berdoa, Allah yang hidup seketika menyembuhkannya dari segala penyakitnya.

Dari saat Dr. Lee bertemu Allah yang hidup melalui pengalaman indah tersebut, ia telah mengasihi Allah dengan segenap hati dan ketulusannya, dan pada tahun 1978 ia dipanggil untuk menjadi hamba Allah. Ia berdoa dengan tekun dan tak terhitung banyaknya melakukan doa puasa sehingga ia dapat memahami dengan jelas kehendak Allah, melakukannya sepenuhnya, dan menaati Firman Allah. Pada tahun 1982, ia mendirikan Gerja Pusat Manmin di Seoul, Korea, dan tak terhitung banyaknya pekerjaan Allah, termasuk penyembuhan yang ajaib, tanda-tanda dan mukjizat, telah berlangsung di gerejanya.

Pada tahun 1986, Dr. Lee ditahbiskan sebagai pendeta di Sidang Tahunan Jesus's Sungkyul Church of Korea, dan empat tahun kemudian pada 1990, khotbah-khotbahnya mulai disiarkan di Australia, Rusia, Filipina, dan banyak lagi melalui Far East Broadcasting Company, Asia Broadcast Station, dan Washington Christian Radio Station System.

Tiga tahun kemudian di 1993, Gereja Manmin Pusat terpilih sebagai salah satu dari "50 Gereja Terkemuka Dunia" oleh majalah *Christian World* (AS) dan ia menerima gelar Doktor Kehormatan bidang Keagamaan dari Christian Faith College, Florida, AS, dan pada 1996 gelar Ph.D dalam Pelayanan dari Kingsway Theological Seminary, Iowa, AS.

Sejak 1993, Dr. Lee telah menyasar penginjilan dunia melalui kebaktian-kebaktian penginjilan di Tanzania, Argentina, L.A., Kota Baltimore, Hawaii, dan Kota New York AS, Uganda, Jepang, Pakistan, Kenya, Filipina, Honduras, India, Rusia, Jerman, Peru, Republik Demokrasi Kongo, Israel dan Estonia.

Pada tahun 2002 ia disebut sebagai "tokoh kebangkitan dunia" oleh koran-koran Kristen utama di Korea atas pelayanannya yang penuh kuasa di berbagai kebaktian penginjilan luar negeri. Khususnya 'New York Crusade 2006' yang diadakan di Madison Square Garden, arena paling terkenal di dunia ditayangkan ke 220 negara, dan di 'Israel United Crusade 2009' yang diadakan di International Convention Center di Yerusalem ia dengan berani menyatakan bahwa Yesus Kristus adalah Mesias dan Juru Selamat. Khotbah-khotbahnya disiarkan ke 176 negara via satelit termasuk GCN TV dan ia terdaftar sebagai satu dari 10 Pemimpin Kristen Paling Berpengaruh tahun 2009 dan 2010 oleh majalah Kristen Rusia terkenal *In Victory* dan agensi baru *Christian Telegraph* untuk pelayanan siaran TV-nya yang penuh kuasa dan pelayanan kependetaan-gereja luar negerinya.

Pada bulan September 2018, Gereja Manmin Pusat memiliki kongregasi dengan jumlah jemaat lebih dari 130.000 orang. Ada 11.000 gereja cabang di seluruh dunia termasuk 53 gereja cabang domestic dan lebih 102 misionaris telah dikirim ke 23 negara, termasuk Amerika Serikat, Rusia, Jerman, Kanada, Jepang, Cina, Prancis, India, Kenya, dan banyak lagi.

Pada saat penerbitan buku ini, Dr. Lee telah menulis 110 buku, termasuk buku laris *Merasakan Kehidupan Kekal Sebelum Kematian, Hidupku Imanku I & II, Pesan Salib, Ukuran Iman, Surga I & II, Neraka,* dan *Kuasa Allah.* Tulisan-tulisannya telah diterjemahkan ke dalam lebih dari 76 bahasa.

Kolom-kolom Kristennya diterbitkan di *Hankook Ilbo, The JoongAng Daily, The Chosun Ilbo, The Dong-A Ilbo, The Seoul Shinmun, The Kyunghyang Shinmun, The Korea Economic Daily, The Shisa News,* dan *The Christian Press.*

Saat ini Dr. Lee adalah pemimpin dari banyak organisasi dan asosiasi misi: Termasuk Komisaris dari The United Holiness Church Jesus Christ, Presiden Tetap dari Word Christianity Revival Mission; Pendiri dan Ketua Dewan Komisaris dari Global Christian Network (GCN), Pendiri dan Ketua Dewan Komisaris dari The World Christian Doctors Network (WCDN), serta Pendiri dan Ketua Dewan Komisaris dari Manmin International Seminary (MIS).

Buku-buku penuh kuasa lainnya dari penulis yang sama

Sorga I & II

Sketsa mendetil tentang indahnya lingkungan hidup yang dinikmati oleh warga sorga pada tingkat kelima kerajaan sorga.

Pesan Salib

Pesan kebangunan penuh kuasa bagi semua orang yang tertidur secara rohani Di dalam buku ini Anda akan menemukan kasih sejati Allah dan mengapa Yesus menjadi satu-satunya Juru Selamat.

Neraka

Sebuah pesan yang sungguh-sungguh kepada seluruh umat manusia dari Allah yang tidak ingin satu jiwa pun jatuh ke kedalaman neraka! Anda akan menemukan penjelasan yang belum pernah terungkap sebelumnya mengenai kenyataan kejam tentang Hades dan neraka.

Roh, Jiwa, dan Tubuh I & II

Sebuah buku panduan yang memberi kita pengertian rohani tentang roh, jiwa, dan tubuh dan membantu kita mencaritahu 'diri' seperti apa yang telah kita buat supaya kita dapat memperoleh kuasa untuk mengalahkan kegelapan dan menjadi manusia rohani.

Ukuran Iman

Tempat tinggal seperti apakah, serta mahkota dan upah yang bagaimana yang disediakan bagi Anda di surga? Buku ini memberikan dengan hikmat dan bimbingan bagi Anda untuk mengukur iman Anda dan menanam iman yang terbaik dan paling dewasa.

Bangunlah, Israel!

Mengapa Allah menujukan mata-Nya kepada Israel mulai sejak permulaan dunia sampai hari ini? Apa saja jenis pemeliharaan-Nya yang telah disiapkan untuk Israel di hari-hari terakhir tersebut, yang menantikan akan Mesias?

Hidupku, Imanku I & II

Sebuah aroma spriritual yang menarik dari kehidupan yang mekar dengan kasih tak ada bandingannya kepada Allah, di tengah-tengah gelombang kegelapan, kuk yang dingin dan keputusasaan yang terdalam.

Kuasa Allah

Sebuah bacaan wajib yang menjadi panduan penting tentang bagaimana seseorang dapat memiliki iman sejati dan mengalami kuasa Allah yang ajaib.

www.urimbooks.com

www.ingramcontent.com/pod-product-compliance
Lightning Source LLC
LaVergne TN
LVHW041811060526
838201LV00046B/1224